100% Deutsch:

Grammatik - einfach!

SCHOLASTIC

MARY GLASGOW MAGAZINES

Autorin: Marian Jones
Verantwortliche Redakteurin: Jacquie Bloese
Übersetzung/Redaktion: Marion Dill
Serienkonzept und -gestaltung: Michael Spencer
Grafikerin: Andrea Ludszeweit
Coverfoto: Eyebyte/Alamy
Coverentwurf: Kaya Cully
Illustrationen: Carol Seatory
Bildernachweis: S. 28: Roger Fletcher/Alamy; S. 67: Hemera; S. 68, S. 70: Mary Glasgow Magazines

Reprinted in 2005

Druck und buchbinderische Verarbeitung in Großbritannien: Ashford Colour Press Ltd., Gosport, Hampshire

Inhalt

Hinweise für Lehrer

➤ **100% Deutsch: Grammatik – einfach!** ist so konzipiert, dass Schülern mit Grundwissen in Deutsch ihre Grammatikkenntnisse vertiefen und selbstsicher beim Lesen, Schreiben, Sprechen und Zuhören anwenden können. Das Arbeitsbuch bietet klare Erläuterungen in verständlichem Deutsch und gibt textbezogene Beispiele zu allen behandelten Grammatikpunkten.

Zusätzlich zu den einzelnen Grammatikabschnitten enthält jeder Arbeitsbogen eine einfache Schreibübung: ***Du bist dran!*** gibt Schülern die Gelegenheit, die behandelten Punkte in kreativer, prüfungsorientierter Form anzuwenden.

➤ **Unterschiedlich gestaltete Übungen**
Die Arbeitsbögen sind nach drei Schwierigkeitsstufen eingeteilt (siehe unten) und können den individuellen Lernanforderungen der Schüler entsprechend verwendet werden. Klassen können beispielsweise je nach Kenntnissen in Gruppen aufgeteilt werden, so dass sich jedem Schüler die Möglichkeit bietet, die Arbeitsbögen seinem Lernniveau gemäß auszufüllen. Zur Wiederholung und Vertiefung des Arbeitsstoffes ist es sinnvoll, die Arbeitsbögen von der ganzen Klasse gleichzeitig ausfüllen zu lassen. Die Arbeitsbögen sind des Weiteren ideal für Hausaufgaben geeignet.

➤ Auf S. 74–80 finden Schüler den Antwortschlüssel zu den einzelnen Übungen.

Stufe 1–2: Für Schüler, die ein geringes Maß an schulischer Herausforderung und Unterstützung benötigen.

Deutlichen Erklärungen auf Deutsch folgen Beispiele und Hinweise dazu, wie man sich die verschiedenen Grammatikregeln am besten einprägt. Dank visueller Hilfsmittel und Cartoonfiguren, die Fragen stellen und nützliche Tipps geben, werden Schüler lernstrategisch mit der deutschen Grammatik vertraut gemacht. Das Anliegen dieses Arbeitbuches ist, Schülern die deutsche Grammatik auf möglichst zugängliche, unterhaltsame und einprägsame Art näher zu bringen. Den Erläuterungen folgen auf unterschiedliches Lernniveau abgestimmte praktische Übungen, mit ***Du bist dran!*** als Abschluss, einer prüfungsorientierten Übung, die von Schülern kreatives Schreiben verlangt.

Stufe 3: Für leistungsstarke Schüler, die eine intensivere Herausforderung benötigen.

Die Arbeitsbögen ***Grammatik im Fokus*** wiederholen bereits behandelte Grammatikpunkte in konzentrierter Form mittels Tabellen, die sich in erster Linie an fortgeschrittenere Schüler richten. Die anderen Stufe 3-Arbeitsbögen enthalten unterschiedliche grammatikbezogene Übungen sowie die kreative Schreibübung ***Du bist dran!***

Starke und unregelmäßige Verben

* = Perfekt mit sein
(*) = Perfekt mit sein oder haben

Infinitiv	Präsens (3. Pers. Sing.)	Imperfekt (3. Pers. Sing.)	Partizip Perfekt	Übersetzung
beginnen	beginnt	begann	begonnen	________
bieten	bietet	bot	geboten	________
bleiben	bleibt	blieb	* geblieben	________
bringen	bringt	brachte	gebracht	________
denken	denkt	dachte	gedacht	________
dürfen	darf	durfte	gedurft	________
empfehlen	empfiehlt	empfahl	empfohlen	________
essen	isst	aß	gegessen	________
fahren	fährt	fuhr	(*) gefahren	________
fallen	fällt	fiel	* gefallen	________
fangen	fängt	fing	gefangen	________
finden	findet	fand	gefunden	________
fliegen	fliegt	flog	(*) geflogen	________
geben	gibt	gab	gegeben	________
gehen	geht	ging	* gegangen	________
gelingen	gelingt	gelang	* gelungen	________
geschehen	geschieht	geschah	* geschehen	________
gewinnen	gewinnt	gewann	gewonnen	________
haben	hat	hatte	gehabt	________
halten	hält	hielt	gehalten	________
heißen	heißt	hieß	geheißen	________
helfen	hilft	half	geholfen	________
kennen	kennt	kannte	gekannt	________

Starke und unregelmäßige Verben

Infinitiv	Präsens (3. Pers. Sing.)	Imperfekt (3. Pers. Sing.)	Partizip Perfekt	Übersetzung
kommen	kommt	kam	* gekommen	____________
können	kann	konnte	gekonnt	____________
lassen	lässt	ließ	gelassen	____________
laufen	läuft	lief	* gelaufen	____________
lesen	liest	las	gelesen	____________
liegen	liegt	lag	gelegen	____________
mögen	mag	mochte	gemocht	____________
müssen	muss	musste	gemusst	____________
nehmen	nimmt	nahm	genommen	____________
reiten	reitet	ritt	(*) geritten	____________
rufen	ruft	rief	gerufen	____________
schlafen	schläft	schlief	geschlafen	____________
schlagen	schlägt	schlug	geschlagen	____________
schließen	schließt	schloss	geschlossen	____________
schneiden	schneidet	schnitt	geschnitten	____________
schreiben	schreibt	schrieb	geschrieben	____________
schwimmen	schwimmt	schwamm	(*) geschwommen	____________
sehen	sieht	sah	gesehen	____________
sein	ist	war	* gewesen	____________
singen	singt	sang	gesungen	____________
sitzen	sitzt	saß	gesessen	____________
sollen	soll	sollte	gesollt	____________
sprechen	spricht	sprach	gesprochen	____________
springen	springt	sprang	* gesprungen	____________
stehen	steht	stand	gestanden	____________

Starke und unregelmäßige Verben

Infinitiv	Präsens (3. Pers. Sing.)	Imperfekt (3. Pers. Sing.)	Partizip Perfekt	Übersetzung
steigen	steigt	stieg	* gestiegen	______
sterben	stirbt	starb	* gestorben	______
tragen	trägt	trug	getragen	______
treffen	trifft	traf	getroffen	______
trinken	trinkt	trank	getrunken	______
tun	tut	tat	getan	______
vergessen	vergisst	vergaß	vergessen	______
verlieren	verliert	verlor	verloren	______
verschwinden	verschwindet	verschwand	* verschwunden	______
wachsen	wächst	wuchs	* gewachsen	______
waschen	wäscht	wusch	gewaschen	______
werden	wird	wurde	* geworden	______
werfen	wirft	warf	geworfen	______
wissen	weiß	wusste	gewusst	______
wollen	will	wollte	gewollt	______
ziehen	zieht	zog	(*) gezogen	______

Geschlecht und Artikel

◆/◆◆ Stufe 1–2

➤ Hauptwörter oder Nomen bezeichnen Lebewesen, Pflanzen und Tiere oder Dinge und sind männlich, weiblich oder sächlich. Sie werden von einem Artikel begleitet, entweder dem bestimmten Artikel **der/die/das** oder dem unbestimmten Artikel **ein/eine/ein**.

männlich	*weiblich*	*sächlich*
der Vater	**die Mutter**	**das Kind**
ein Vater	**eine Mutter**	**ein Kind**

RATE

ÜBERLEG

SCHLAG NACH

➤ Lern neue Wörter immer mit dem bestimmten Artikel. Wenn du ihn vergisst, mach Folgendes: **1** *RATE*, **2** *ÜBERLEG*, **3** *SCHLAG NACH*.

1

Bei Personen kannst du oft raten:

Vater ist männlich: **der Vater**.

ABER: **das Mädchen** und **das Kind**.

RATE

Schreib **der** oder **die** vor jedes Wort.

1 *die* Mutter
2 ______ Onkel
3 ______ Tante
4 ______ Opa

2

Manchmal hilft dir die Wortendung weiter:

männlich	*weiblich*	*sächlich*
-er (der Computer)	**-e** (die Lampe)	**-chen** (das Kaninchen)
-ich (der Teppich)	**-in** (die Lehrerin)	und viele Wörter aus dem
-ist (der Polizist)	**-ung** (die Meinung)	Englischen und anderen Sprachen, z. B. **das Hotel**

ÜBERLEG

Ordne die Wörter dem richtigen Artikel zu und schreib sie in die Zeilen. Tipp: Schau dir die Endungen an!

der: *der Hamster* ______

die: ______

das: ______

Wellensittich, Baby, Polizist, Bruder, Katze, Meerschweinchen, Hamster, Freundin

3

In Wörterbüchern steht *m* für männlich (Maskulinum), *f* für weiblich (Femininum) und *n* für sächlich (Neutrum):

Mann *(m)* → **der/ein Mann**
Frau *(f)* → **die/eine Frau**
Kind *(n)* → **das/ein Kind**

SCHLAG NACH

Schreib **der/ein**, **die/eine** oder **das/ein** vor jedes Wort.

1 *das/ein* Haus *(n)*
2 ________ Papagei *(m)*
3 ________ Vetter *(m)*
4 ________ Maus *(f)*

4 Dein/e Brieffreund/in hat dir ein Foto von seiner/ihrer Familie geschickt. Setz **der/die/das** oder **ein/eine/ein** in die Lücken.

D___ Vater ist ein großer Mann. D___ Mutter ist klein und hübsch. E___ Sohn (der ältere) ist cool, d___ andere nicht. D___ Familie hat viele Haustiere. D___ Hund und d___ Katze sind gute Freunde. Es gibt auch e___ Kaninchen und e___ Papagei. Das ist e___ nette Familie!

➡ Du bist dran!

Beschreib deine Familie und deine Haustiere.
Hier sind einige Tipps:

Oma/nett
Onkel/schlank
Hund/groß und schwarz
Kaninchen/braun
Katze/klein

Name/
Gruppe:

➤ **der/die/das** ist der bestimmte Artikel in der Einzahl (Singular). In der Mehrzahl (Plural) wird daraus **die**: **das Haus → die Häuser**

➤ **ein/eine/ein** ist der unbestimmte Artikel im Singular. Im Plural fällt der Artikel weg: **ein Haus → Häuser**

➤ Neue Wörter gleich mit der Pluralform lernen!

1 Der Plural wird auf unterschiedliche Weise gebildet:

männlich (m)	*weiblich (f)*	*sächlich (n)*
An viele Wörter wird ein **-e** angehängt: **ein Fisch, zwei Fische**	Wörter, die auf **-e** enden, bekommen ein **-n**: **eine Katze, vier Katzen**	Wörter, die auf **-chen** enden, bleiben unverändert: **ein Kaninchen, viele Kaninchen**

▼ Wie viele Tiere? Schreib die Antworten.

Fisch *(m)* x 3

drei Fische

Hund *(m)* x 2

______

Wellensittich *(m)* x 4

______

Schlange *(f)* x 3

______

Schildkröte *(f)* x 3

______

Ratte *(f)* x 3

______

Meerschweinchen *(n)* x 4

______

Kaninchen *(n)* x 2

______

2 Im Wörterbuch wird der Plural so angegeben:

Hund *(m)* **-e**

Das *(m)* zeigt dir, dass das Wort männlich ist: benutze also **der** oder **ein** im Singular. Das **-e** bedeutet, dass du für den Plural ein **-e** anhängen musst: **Hunde**.

Brüder *(m)*

Wenn das Wort einen Umlaut hat (¨), setz im Plural zwei Pünktchen auf den ersten Vokal **(a, o** oder **u)** des Wortes: **Brüder**.

▼ Schreib die Tiere in der Mehrzahl auf.

Vogel *(m)* ¨

ein *Vogel*, vier ______

Maus *(f)* ¨e

eine ______, drei ______

Pferd *(n)* **-e**

ein ______, zwei ______

3 Einzahl (Singular) oder Mehrzahl (Plural)?
Streich die falschen Wörter durch.

Ich stelle dir meine Familie vor. Ich habe zwei (~~Bruder~~/Brüder), zwei (Schwester/Schwestern) und einen (Halbbruder/Halbbrüder). Meine (Mutter/Mütter) ist ganz lieb und ich habe meine zwei (Großmutter/Großmütter) gern. Wir haben auch eine (Menge/Mengen) Haustiere: zwei (Hund/Hunde), drei (Katze/Katzen), einen (Wellensittich/Wellensittiche) und viele (Fisch/Fische).

Du bist dran!

Super – du hast die E-Mail-Adresse von deinem/r Brieffreund/in bekommen! Schick ihm oder ihr eine kurze Mail über deine Familie und deine Haustiere. Verwende die richtigen Einzahl- oder Mehrzahlformen!

Name/
Gruppe:

Geschlecht, Artikel und Plural

◆◆◆ Stufe 3

Artikel

- Der bestimmte Artikel ist **der/die/das** im Singular und **die** im Plural im Wer-Fall oder Nominativ.
- Der unbestimmte Artikel ist **ein/eine/ein** im Singular. Der unbestimmte Artikel hat keinen Plural.

  der Mann → die Männer
  ein Mann → Männer

- Wann steht der Artikel? Merk dir die Beispiele in *Grammatik im Fokus*.

Grammatik im Fokus

Im Deutschen steht der Artikel bei:	
Zeitangaben und Jahreszeiten: **Der Frühling kommt**.	Körperteilen: **Er bürstet sich die Zähne.**
Mahlzeiten: **nach dem Abendessen**	Ländern weiblichen Geschlechts: **Wir fahren in die Schweiz.**

Im Deutschen steht kein Artikel bei:	
Berufen: **Mein Vater ist Arzt.**	bestimmten Redewendungen: **Sie hat Kopfschmerzen.** **Spielt sie Gitarre?**

Geschlecht

- Manchmal kann man das Geschlecht eines Wortes an seiner Bedeutung erkennen, z. B.:

  der Vater, **die Schwester**

  Achtung: **das Mädchen** und **das Kind**.

- Oft erkennt man das Geschlecht an der Wortendung.

Wörter mit diesen Endungen sind meistens männlich:	
-er	der Computer
-ich	der Wellensittich
-ist	der Polizist
-or	der Direktor
Wörter mit diesen Endungen sind meistens weiblich:	
-e	die Familie
-in	die Lehrerin
-schaft	die Freundschaft
-ung	die Kleidung
Wörter mit diesen Endungen sind meistens sächlich:	
-chen	das Mädchen
-um	das Zentrum
viele Lehnwörter aus anderen Sprachen, z.B. **das Baby**, **das Foto**	

Plural

- Im Wörterbuch steht der Plural nach dem Geschlecht:

  Hund *(m)* **-e** → Plural **Hunde**.
  Haus *(n)* **¨er** → Plural **Häuser**.

  Die Endung **-er** anhängen und zwei Pünktchen auf den ersten Vokal (**a**, **o** oder **u**) setzen.

- Merk dir die Endungsmuster.

Endungsmuster
Weibliche Wörter auf **-e → -n** **die Katze → die Katzen**
Weibliche Wörter auf **-in → -nen** **die Lehrerin → die Lehrerinnen**
Viele männliche Wörter **→ -e** **der Fisch → die Fische**
Viele sächliche Wörter **→ -er** **das Bild → die Bilder**
Wörter auf **-chen →** bleiben unverändert **ein Mädchen → zwei Mädchen**

Name/
Gruppe:

1 Bestimmter Artikel, unbestimmter Artikel oder gar kein Artikel? Mach einen Kreis um den richtigen Artikel. Tipp: Schau dir noch mal *Grammatik im Fokus* (AB 10) an.

Hier auf dem Foto ist unser Campingplatz in Bayern. Und das ist mein Vater. (Ein/Das/–) Mittagessen ist beendet und er wäscht ab. Für meinen Vater ist (ein/das/–) Zelt in den Bergen (eine/die/–) beste Sache auf der ganzen Welt! Er ist (ein/der/–) riesiger Fan von Camping. Sobald (ein/der/–) Frühling kommt, will er los!

Und hier ist meine Mutter. Sie mag Camping nicht besonders. (Ein/Das/–) Hotel gefällt ihr besser! (Ein/Das/–) Hotel hier im Bild war in Italien. Und (eine/die/–) Frau im roten Kleid neben ihr ist (die/–) Kusine meines Vaters. Sie war zufällig auch dort. Ich mag sie nicht besonders – sie ist (eine/die/–) komplizierte Frau!

2 Füll die Lücken mit Wörtern aus den Kästchen. Schon eingesetzte Wörter durchstreichen. Brauchst du Hilfe? Lies *Grammatik im Fokus* (AB 10) durch.

Hier ist _ein_ anderes Foto. _____ große Haus gehört den Großeltern meines Brieffreundes und hier ist fast _____ ganze Familie. _____ kleine Mann mit der Brille ist _____ Großvater. Und _____ acht Kinder in einer Reihe sind _____ Enkelkinder. _____ zwei Frauen rechts sind _____ beiden Töchter und _____ ältere Sohn der Familie sitzt neben ihnen. _____ jüngere Sohn ist nicht auf dem Bild.

STREICH DURCH

~~ein~~ | die | die

Der | Das | Die | Der

der | die | die | der

3 Schau dir die kleinen Bilder an und schreib dann die fehlenden Wörter in die Lücken.

Und hier ist ein Foto meiner ganzen Haustiere. Eine große Gruppe, muss ich sagen! Zwei (1) __________, drei (2) __________, sechs (3) ______________, zwei (4) ______________ und ein Käfig voller (5) ____________. Ich habe auch noch zwei (6) __________ – sie sind nicht auf dem Bild. Und die Haustiere unserer Nachbarn sind zwei (7) ______________ und ein paar (8) ____________!

Du bist dran!

Du schickst deinem/r Brieffreund/in einige Familienfotos. Beschreib die einzelnen Personen und achte dabei auf Geschlecht, Artikel und Pluralformen.

Name/
Gruppe:

Nominativ und Akkusativ

◆/◆◆ Stufe 1–2

- ➤ Der ***Wer-Fall*** oder ***Nominativ*** wird für ein Nomen oder Substantiv gebraucht, das das *Subjekt* eines Satzes ist, d. h. die Person oder das Ding, die oder das die Handlung ausführt. Beispiel: **Mein Hund ist klein.**
- ➤ Der ***Wem-Fall*** oder ***Akkusativ*** wird für ein Nomen oder Substantiv gebraucht, das das *Objekt* eines Satzes ist, d. h. die Person oder das Ding, der oder dem die Handlung zugefügt wird. Beispiel: Ich habe **einen Hund.**
- ➤ Der einzige Unterschied zwischen Nominativ und Akkusativ: bei ***männlichen Nomen*** verändern sich Artikel (z. B. **der, ein, kein**) und besitzanzeigende Fürwörter oder Possessivpronomen (z. B. **mein, sein**) zu **den, einen, keinen** und **meinen, seinen** usw. Bei weiblichen Nomen bleiben die Artikel und Possessivpronomen im Nominativ und Akkusativ unverändert.

1 Männlich, weiblich oder sächlich? Plural? Ordne die Wörter auf den Backsteinen den richtigen Containern zu. Vergiss nicht: Rate, überleg oder schlag nach!

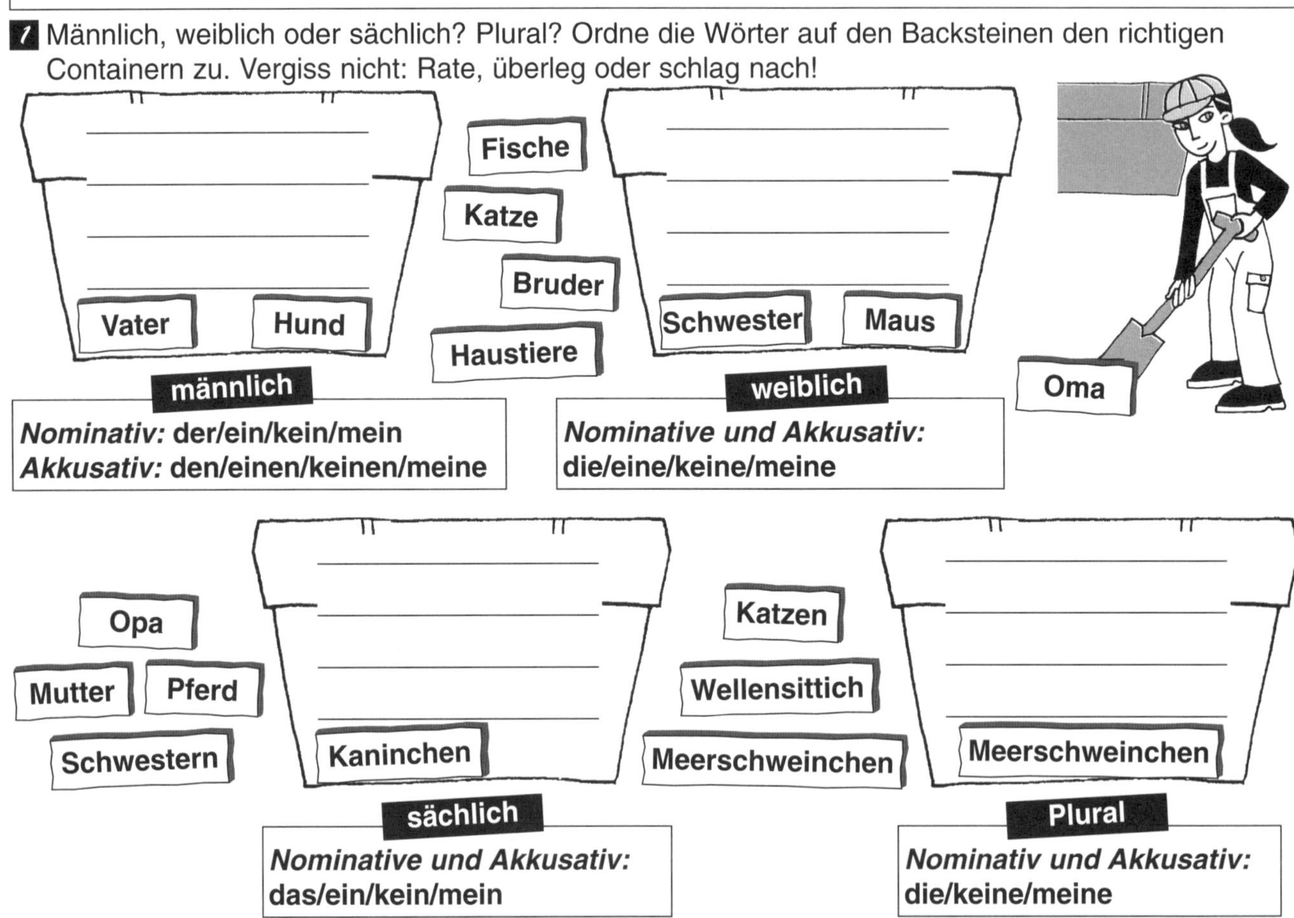

2 Christine schreibt über ihre Familie.

- Nominativ oder Akkusativ? Streich die falschen Artikel und Possessivpronomen durch. Denk daran: Nominativ → das Nomen ist das Subjekt des Satzes und führt die Handlung aus. Akkusativ → das Nomen ist das Objekt des Satzes, dem die Handlung zugefügt wird.
- In dieser Übung ist bei den weiblichen und sächlichen Nomen und bei den Pluralformen nur der Anfangsbuchstabe angegeben: vervollständige die Wörter und verwende die richtigen Endungen.

Du bist dran!

Beschreib deine eigene Familie und deine Haustiere. Achte auf die richtigen Artikel, Possessivpronomen und Endungen.

Ich heiße Christine. Ich habe ein/einen Bruder und e_____ Schwester. Mein/Meinen Bruder hat ein/einen Hund und zwei Wellensittiche. Der/Den Hund ist braun und d_____ Wellensittiche sind grün. M_____ Schwester wohnt in Hamburg und hat k_____ Haustiere. Ich habe e_____ Kaninchen. M_____ Kaninchen ist grau und heißt Bugs.

Name/
Gruppe:

- In dem Satz **Ich gebe dem Hund einen Knochen** steht **dem Hund** im Dativ und ist somit ein Dativobjekt, das auf die Frage **Wem gebe ich einen Knochen?** antwortet.
- Der Dativ steht häufig nach den Verben **geben, schenken, schicken, bringen** und **schreiben**.
- Dies sind die Dativformen der Artikel und Possessivpronomen:

männlich (m)	weiblich (f)	sächlich (n)	Plural (pl)
dem, einem, meinem	**der, einer, meiner**	**dem, einem, meinem**	**den, meinen**

1 Wähle die Dativform für die unterstrichenen Satzteile.

Ich schreibe (~~mein~~/meinem) neuen Brieffreund. Ich werde ihn bald besuchen. Was soll ich (der/die) Familie mitbringen? Was soll ich (den/dem) Vater schenken? Eine Flasche Wein? Und was kann ich (der/die) Mutter mitbringen? Eine Packung Tee? Ich will auch (den/die) Geschwistern etwas schenken – aber was? Mein Brieffreund soll mir schnell schreiben und ein paar Sachen vorschlagen!

2 Leer die Container! Wähle für jede Person ein passendes Geschenk und schreib dann Sätze wie im Beispiel mit **ich gebe** oder **ich schenke**. Denk daran, dass die Person, die das Geschenk erhält, im Dativ steht.

Mutter *(f)*
Vater *(m)*
Oma *(f)*
Kinder *(pl)*
Baby *(n)*
Hund *(m)*

ein schönes Bild **eine Kette**
ein Spielzeug **einen Ball**
einen Kugelschreiber
einen Blumenstrauß
eine Flasche Wein
eine Tüte Bonbons
eine Packung Tee

Ich schenke der Mutter ein schönes Bild.

____

____

____

____

____

____

Du bist dran!

Du fährst bald zu deiner Gastfamilie und möchtest Geschenke mitbringen. Frag deinen Freund/deine Freundin, wie er oder sie die Geschenke findet. Du könntest so anfangen: **Ich werde bald Familie X besuchen** und **ich schenke** … Frag dann deinen Freund/deine Freundin: **Was meinst du?** oder **Ist das eine gute Idee?**

Name/
Gruppe:

Grammatik im Fokus

Nominativ

- Das Subjekt eines Satzes steht immer im Wer-Fall oder Nominativ.
- Nomen und Pronomen nach dem Verb **sein** stehen im Nominativ.

Der Vater meines Brieffreundes heißt Frank.

Das ist eine sehr nette Familie.

Aber das Baby schreit die ganze Zeit.

Die älteren Jungen gehen beide in die Schule.

Akkusativ

- Das direkte Objekt eines Satzes steht im Wen-Fall oder Akkusativ. Beispiel: **Karin wirft einen Ball.** Wen oder was wirft Karin? Einen Ball.
- Der Akkusativ steht nach bestimmten Verhältniswörtern oder Präpositionen (siehe WS 18).

Memo: Nur männliche Artikel und Possessivpronomen stehen im Akkusativ.

Wie oft siehst du deinen Brieffreund?

Schreibst du ihm regelmäßig einen Brief?

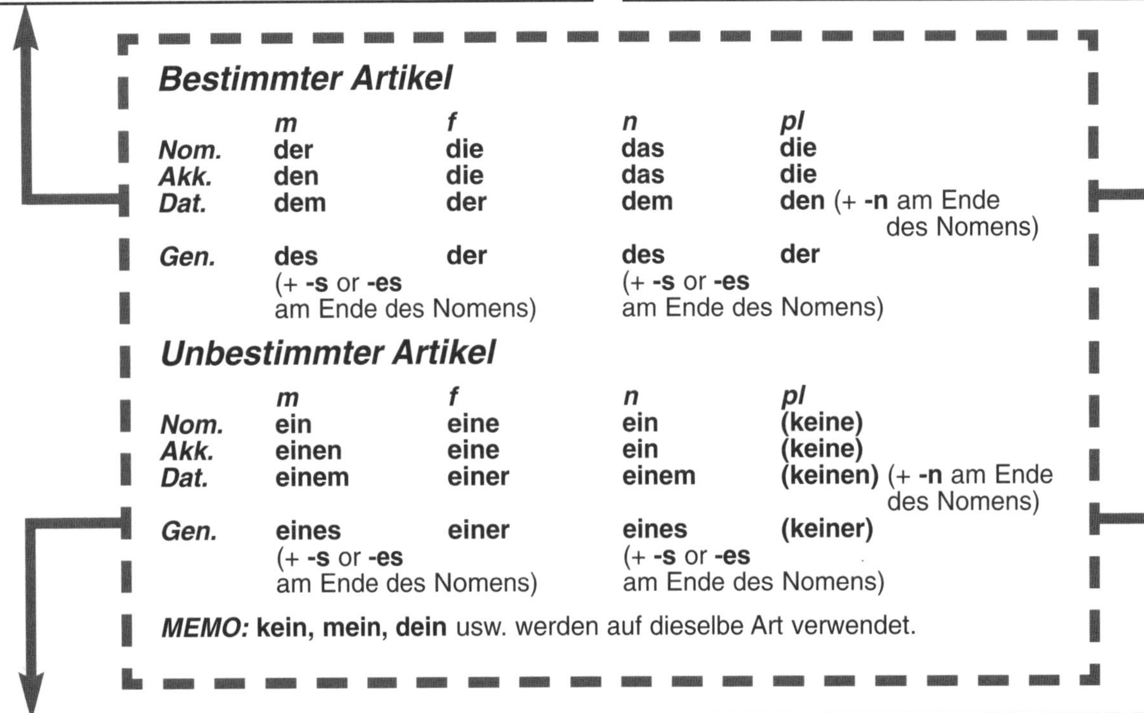

Bestimmter Artikel

	m	*f*	*n*	*pl*
Nom.	**der**	**die**	**das**	**die**
Akk.	**den**	**die**	**das**	**die**
Dat.	**dem**	**der**	**dem**	**den** (+ **-n** am Ende des Nomens)
Gen.	**des** (+ **-s** or **-es** am Ende des Nomens)	**der**	**des** (+ **-s** or **-es** am Ende des Nomens)	**der**

Unbestimmter Artikel

	m	*f*	*n*	*pl*
Nom.	**ein**	**eine**	**ein**	**(keine)**
Akk.	**einen**	**eine**	**ein**	**(keine)**
Dat.	**einem**	**einer**	**einem**	**(keinen)** (+ **-n** am Ende des Nomens)
Gen.	**eines** (+ **-s** or **-es** am Ende des Nomens)	**einer**	**eines** (+ **-s** or **-es** am Ende des Nomens)	**(keiner)**

MEMO: **kein, mein, dein** usw. werden auf dieselbe Art verwendet.

Dativ

- Das indirekte Objekt eines Satzes steht im Wem-Fall oder Dativ. Der Dativ steht z. B. nach Verben wie (jemand etwas) **erklären, erzählen, geben, sagen, schenken, schicken, zeigen**.
- Weitere Verben, nach denen der Dativ steht, sind **gehören, geschehen, danken, folgen, gefallen, glauben, helfen, passen**.
- Der Dativ steht nach bestimmten Präpositionen (siehe WS 18).

Memo: Nomen, die im Plural nicht auf **-n** oder **-s** enden, wird im Dativ ein **-n** angehängt.

Ich schenke meinem Vater eine Flasche Wein.

Zeig den Kindern ihr Zimmer.

Wie gefällt dir unser Garten?

Genitiv

- Der Wes-Fall oder Genitiv zeigt ein Besitzverhältnis an. Beispiel: **Wessen Buch ist das? Das ist Ullis Buch.** oder **Das ist das Buch von Ulli.**
- Der Genitiv steht nach bestimmten Präpositionen (siehe AB 18).

Memo: Im Genitiv wird **-s** oder **-es** an männliche und sächliche Substantive angehängt – kurze Wörter bekommen meist ein **-es**, lange Wörter ein **-e**. Wörter, die auf **s** oder **sch** enden, erhalten im Genitiv ein **-es**.

Ihr Haus steht am Rande des Dorfes.

Die Spielsachen der Kinder liegen überall.

Er malt ein Bild eines alten Hauses.

Name/
Gruppe:

1 In welchem Fall stehen die unterstrichenen Wörter? Schreib NOM, AKK, DAT oder GEN in die Kästchen.

Grammatik im Fokus (AB 14) erklärt dir den Gebrauch von Nominativ, Akkusativ, Dativ und Genitiv.

Susanne Markus, du fährst bald ins Ausland, nicht? Wie heißt (1) dein Brieffreund [*NOM*]? Weißt du, was du (2) deiner Gastfamilie [ ] schenkst?

Markus Ich habe (3) ein kleines Buch [ ] über unsere Gegend in der Buchhandlung gesehen. Ich werde es vielleicht (4) den Eltern [ ] schenken. Und für die Kinder (5) der Familie [ ] weiß ich es noch nicht.

Susanne Nimm einfach (6) eine riesige Tüte [ ] Bonbons mit. (7) Kinder [ ] essen immer gern (8) Süßigkeiten [ ]! Siehst du, das Problem (9) der Geschenke [ ] ist gelöst!

2 Effi zeigt ihrer Freundin ein Bild von ihrer Gastfamilie. Schreib die fehlenden Artikel (einschließlich **kein**) und die Possessivpronomen **mein** und **dein** in ihrer richtigen Form in die Lücken.

Das ist e*in* Foto d_____ ganzen Familie. In der Mitte steht d_____ Vater – siehst du, er hat d_____ Bierkrug in der Hand, den ich mitgebracht hatte! Neben ihm sind d_____ Großeltern – das sind d_____ Eltern d_____ Mutter m_____ Brieffreundes. Weißt du, d_____ Alte fährt e_____ riesigen BMW! Und d_____ Großmutter fährt noch schneller als er! Sie hat k_____ Angst! Sie sind superreich und haben e_____ riesiges Haus am Rande e_____ echt schönen Waldes.

Und wer ist noch auf dem Bild? Ach ja, mein Brieffreund hat e_____ Bruder – das ist d_____ kleine Junge ganz vorn. D_____ andere Junge ist d_____ Sohn der Nachbarn! Und d_____ Mädchen mit den Zöpfen, das ist d_____ Schwester meines Brieffreundes. M_____ Brieffreund schreibt nicht oft, aber seine Mutter ist sehr nett und sie hat mir d_____ Foto geschickt. Hast du e_____ Foto von d_____ Gastfamilie?

Du bist dran!

Schreib einen Brief! Beschreib darin die Familie, bei der du letztes Jahr während deines Schüleraustausches gewohnt hast. Beispiel: **Mein Aufenthalt in Deutschland war super. Ich werde zuerst die Familie beschreiben. Der Vater ist ...**

Erklär dann, dass du die Familie wieder besuchen möchtest und dass du verschiedene Geschenke mitbringen wirst: **Ich werde sie im Sommer wieder besuchen und kaufe schon jetzt einige Geschenke. Zum Beispiel schenke ich der Mutter ...**

Verwende verschieden Artikel und Fälle.

Name/
Gruppe:

➤ Zu den Präpositionen gehören Wörter wie **an, auf, für, in, mit, nach, ohne, unter, zu** usw.

➤ Nach den meisten Präpositionen folgt entweder der Akkusativ (**den/die/das**) oder der Dativ (**dem/der/dem**).

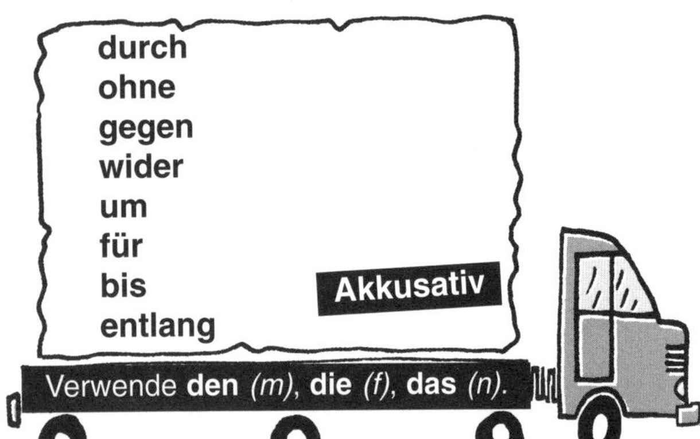

1 Schreib die passenden Präpositionen in die Lücken!

Morgen mache ich _____ meiner Freundin einen Ausflug ______ Frankfurt. Meinen Hund Fritzi nehme ich aber nicht mit – wir fahren ______ ihn. Fritzi bleibt _____ den Tag ______ meiner Oma. Wir wollen _______ die Fußgängerzone bummeln, _______ den Stadtpark gehen und ________ Italiener schön essen. _________ Abend kommen wir wieder zurück.

2 ***In meinem Zimmer*** Welcher Fall steht nach jeder Präposition? Streich die falschen Wörter durch.

1. Mein Bett ist gegenüber (~~die~~/der) Tür.
2. Meine Gitarre steht gegen (die/der) Wand gelehnt.
3. Mein Fußballschal hängt aus (das/dem) Fenster.
4. An der Wand gibt es Poster (von den/vom) Fußboden bis zur Decke!
5. In meinem Zimmer spiele ich mit (das/dem) Computer.
6. Nach (die/der) Schule höre ich mir immer ein paar CDs an.
7. Dann mache ich Hausaufgaben bis (zu das/zum) Abendessen.
8. Manchmal lese ich ein Buch für (die/der) Schule.

➡ Du bist dran!

Schreib einige Sätze über dich und dein Zimmer. Verwende dabei Präpositionen aus Übung 2, z. B. **gegenüber dem Fenster, nach dem Abendessen.**

Name/
Gruppe:

Akkusativ oder Dativ können nach den neun Präpositionen unten stehen.

➤ Nach Präpositionen, die *Bewegung* oder *Richtung* andeuten (Frage: wohin?), steht der Akkusativ:

Leg das Buch auf den Tisch.

➤ Nach Präpositionen, die Lage oder Standort andeuten (Frage: wo?), steht der Dativ:

Das Buch liegt auf dem Tisch.

1 *Das ist ein Chaos!*

a Elkes Mutter ist entsetzt, wie Elkes Zimmer aussieht! Lies die Sätze unten und mach ein Häkchen in den richtigen Kästchen.

b Streich die falschen Wörter in den Sätzen 1-3 durch. Schreib den richtigen Artikel in den Sätzen 4-6 in die Lücken. (**Schrank** ist männlich, **Wand** und **Heizung** sind weiblich.)

	Bewegung: Akkusativ	*Lage: Dativ*
1 Die Schulbücher sind unter (~~das~~/dem) Bett.	☐	☑
2 Häng die Kleidung bitte in (den/dem) Kleiderschrank auf!	☐	☐
3 Deine Schuhe sind überall auf (den/dem) Boden.	☐	☐
4 Kleb die Poster bitte wieder an ______ Wand!	☐	☐
5 Steck deine CDs bitte alle in ______ kleinen Schrank!	☐	☐
6 Was ist das hinter ______ Heizung?	☐	☐

Du bist dran!

Dein/e Austauschpartner/in hat eine fürchterliche Unordnung in deinem Zimmer hinterlassen. Schreib ihm/ihr eine Nachricht. Frag ihn/sie, wo einige Dinge sind, und bitte ihn/sie, sie wieder an ihren Platz zu tun. Du kannst dafür die Sätze aus Übung 1 umändern. Beispiel: **Deine Schuhe sind unter dem Bett. Stell deine Schuhe bitte in den Kleiderschrank.**

Name/
Gruppe:

Grammatik im Fokus

- Präpositionen geben an, wo etwas ist, oder beschreiben die Beziehung zwischen Lebewesen oder Dingen.
- Nach einigen Präpositionen steht immer ein bestimmter Fall. Am besten lernst du diese Präpositionen samt Fall auswendig.
- Nach einigen Präpositionen können verschiedene Fälle stehen. Merk dir die Fragewörter:
  wohin? → Akkusativ
  wo? → Dativ
- Alle Infos zu Präpositionen findest du in der Tabelle unten!

Präpositionen – welcher Fall?

Präpositionen + Akkusativ

durch
ohne
gegen
wider
um
für
bis
entlang

Meine Gitarren stehen gegen die Wand gelehnt.

In der Ecke steht der Drucker für den Computer.

Präpositionen + Dativ

von
nach
seit
bei
aus
gegenüber
zu
mit

Mein Bett ist gegenüber dem Fenster.

Meine Sachen fallen aus dem Kleiderschrank.

Präpositionen + Genitiv

wegen
während
trotz
innerhalb
außerhalb

Während des Abendessens sehe ich fern.

Trotz der Putzfrau ist in meinem Zimmer Chaos!

Präpositionen + Akkusativ oder Dativ

Nach diesen neun Präpositionen musst du zwischen Akkusativ und Dativ wählen:

an	**über**
auf	**unter**
hinter	**vor**
in	**zwischen**
neben	

Lage

Präpositionen, die Lage oder Standort angeben, haben den Dativ nach sich.

Meine Schuhe sind unter dem Bett.

Meine Poster liegen auf dem Fußboden.

Bewegung

Präpositionen, die Bewegung oder Richtung angeben, haben den Akkusativ nach sich.

Ich soll meine Schuhe in den Kleiderschrank stellen.

Ich muss meine Poster an die Wand kleben.

Name/
Gruppe:

1 Lies die Sätze und schau dir die unterstrichenen Wörter gut an. In welchem Fall stehen sie? Schreib NOM, AKK, DAT oder GEN in die Kästchen.

Infos zu Präpositionen findest du in *Grammatik im Fokus* (AB 19).

In unserem Dorf

Bei uns (1) im [ ] Dorf gibt es leider nicht viel zu tun. Wenn du frische Luft magst, kannst du um (2) das [ ] Dorf herumlaufen, und mit (3) einem [ ] Hund macht das vielleicht noch mehr Spaß. Außerdem kann man (4) die [ ] so genannte Hauptstraße entlanggehen, um sich die schönen alten Häuser anzuschauen. Ohne (5) die [ ] Post, direkt in (6) der [ ] Mitte (7) des [ ] Dorfes, wäre eigentlich gar nichts los! Ich habe nichts gegen (8) das [ ] Dorf selbst, aber ich muss sagen, ich finde die Bushaltestelle sehr wichtig. Von dort aus kann man wenigstens in (9) die [ ] nächste Stadt fahren!

2 Lies den Text und streich dann die falschen Wörter durch.

In der Großstadt

Ich würde sehr gern in (die/der) Großstadt wohnen. Warum? Wegen (die/der/den) vielen Freizeitmöglichkeiten! Während (die/der/den) Ferien fahre ich so oft wie möglich in (die/der) Großstadt, wo ich vielleicht (zu die/zur) Eislaufhalle oder (ins/in dem) Kino gehe. Ich übernachte gern bei (ein/einen/einem) Klassenkameraden und dann unternehmen wir viel. Gleich hinter (sein/seinen/seinem) Haus liegt ein wunderschöner Park mit (viele/vielen) Sportmöglichkeiten und man braucht nur durch (den/des/dem) Park zu laufen, um direkt in (die/der) Stadtmitte zu kommen. Dort gibt's die ganzen Geschäfte – prima!

3 Lies den Text und setze die fehlenden Artikel ein. Achte dabei auf die Fälle!

Was gibt's bei uns zu tun?

Für Touristen gibt's bei uns in der Gegend ziemlich viel zu tun. Die meisten machen während d_____ Aufenthaltes einen Ausflug zu d_____ vielen bildschönen Dörfern in der Nähe. Dann ist eine Reise an d_____ Küste – nur 40 Kilometer entfernt – ein Muss sowie eine Führung zu d_____ bekanntesten historischen Sehenswürdigkeiten. Ohne e_____ Besichtigung unseres Schlosses aus d_____ vierzehnten Jahrhundert sollte man nicht wegfahren und von d_____ herrlichen Landschaft hat natürlich jeder schon gehört.

Du bist dran!

Mach eine Broschüre über deinen Wohnort. Verwende dabei so viele verschiedene Präpositionen von *Grammatik im Fokus* (AB 18) wie möglich.

Name/
Gruppe:

Personalpronomen

◆/◆◆ Stufe 1–2

➤ Die Personalpronomen im Wer-Fall oder Nominativ sind:
ich
du
er/sie/es
wir
ihr
sie

➤ Die höfliche Anrede für einen Herrn oder eine Dame ist **Sie**.

➤ **man** ist 3. Person Singular und bezeichnet Personen im Allgemeinen oder eine Gruppe von Personen.

__du__ im Singular wird für Freunde, Verwandte, Kinder und Tiere verwendet.

__Sie__ ist die Anrede für Erwachsene, die nicht zu Verwandten oder Freunden gehören. __Sie__ kann sich auf eine oder mehrere Personen beziehen.

__ihr__ ist die Pluralform von __du__ und wird für mehrere Verwandte oder Freunde gebraucht.

1 Mach einen Kreis um das richtige Personalpronomen, das du verwenden musst, …

1 … wenn du einen Freund bittest, dir ein Wörterbuch zu leihen. **(du)** **Sie** **ihr**

2 … wenn du einen Lehrer bittest, dir etwas zu erklären. **du** **Sie** **ihr**

3 … wenn du Freunde bittest, dich nach der Schule zu treffen. **du** **Sie** **ihr**

4 … wenn du bei einem/r Kellner/in im Café Kaffee und Kuchen bestellst. **du** **Sie** **ihr**

2 Vervollständige die Sätze mit den richtigen Personalpronomen aus dem Kästchen.

wir | **er** | **man** | **ihr** | **du** | **es** | **ich** | **sie** | **sie** | **sie**

1 Ich besuche eine große Gesamtschule. _Ich_ lerne acht Fächer.
2 Welche Fächer lernst _____ nicht gern?
3 Mein Deutschlehrer heißt Herr Klein. _____ ist sehr nett.
4 Meine Englischlehrerin heißt Frau Schwarz. _____ ist zu streng.
5 Ich trage das Sweatshirt nicht gern. _____ ist hässlich.
6 In der Pause treffe ich mich mit meinen Freunden. _____ spielen zusammen Fußball.
7 Meine besten Freunde heißen Karl und Dieter. _____ sind in derselben Klasse wie ich.
8 Und du und deine Freunde, was macht _____ in der Pause?

Du bist dran!

Schreib deinem/r Brieffreund/in über deine Schule und versuche dabei, alle Personalpronomen zu verwenden.

ich (schreib, was du tust/was du magst/was du nicht magst)
du (frag, was er/sie mag/nicht mag)
er/sie (sag, wie du deine/n Lehrer/in findest)
wir (schreib, was du und deine Freunde während der Pause machen)
ihr (finde heraus, was dein/e Brieffreund/in und seine/ihre Klassenkameraden in einem bestimmten Fach machen)
sie (schreib etwas über deine Freunde und Freundinnen)

Name/
Gruppe:

Personalpronomen

◆◆◆ Stufe 3

➤ Im Deutschen ändern sich die Personalpronomen je nach Fall: siehe Tabelle rechts.

➤ Zur Wiederholung: **du** (Singular) wird für Verwandte und Freunde verwendet. **ihr** ist der Plural von **du**. **Sie** (Singular und Plural) ist die höfliche Anrede für Erwachsene, die nicht zu Verwandten und Freunden gehören.

➤ Das Pronomen **man** bezeichnet Personen im Allgemeinen oder einen Gruppe von Personen.

Nom.	*Akk.*	*Dat.*
ich	**mich**	**mir**
du	**dich**	**dir**
er	**ihn**	**ihm**
sie	**sie**	**ihr**
es	**es**	**ihm**
wir	**uns**	**uns**
ihr	**euch**	**euch**
sie	**sie**	**ihnen**
Sie	**Sie**	**Ihnen**

1 Setze die fehlenden Pronomen ein. Sie stehen alle im Nominativ.

1 Was machst du in Physik? ______ lerne viele Formeln!
2 Was lernt Klaus in Erdkunde? ______ lernt gerade über Wüsten.
3 Mag deine Schwester Deutsch? Ja, ______ findet Deutsch einfach!
4 Und was lernt ihr in Mathe? ______ lernen eigentlich nicht viel!
5 Steffi und Lara, was denkt ______ über Mathe? Wir mögen den Lehrer nicht!

2 Eine Gruppe von deutschen Schülern hat deine Schule besucht. Deine Klassenlehrerin fragt Herrn Fischer, den Lehrer, und seine Schüler, wie ihnen der Besuch gefallen hat. Wähl die richtigen Prononmen. Zur Wiederholung: siehe *Grammatik im Fokus* (AB 18 und AB 14)..

Lehrerin Wie finden (Sie/Ihnen) das Schulsystem bei uns, Herr Fischer?

Herr Fischer Bei (Sie/Ihnen) ist alles sehr anders, muss (ich/mich/mir) sagen. Zum Beispiel haben (wir/uns) alle bemerkt, dass die Schüler einen langen Tag haben. Ist das nicht zu viel für (sie/ihnen)? Ich glaube, dass (sie/ihnen) nachmittags lieber zu Hause wären, wie unsere Schüler!

Lehrerin Und (du/dich/dir), Claudia, wie gefällt (du/dich/dir) unser Schulsystem?

Claudia Ich mag die Lehrer. Da (sie/ihnen) nach der Schule viele Klubs organisieren, versteht (er/sie/man) sich sehr gut mit (sie/ihnen). (Sie/Ihnen) haben viel Zeit für (wir/uns) gehabt.

3 Setze die fehlenden Pronomen ein. Achte auf die Fälle!

1 ______ lerne unheimlich gern Spanisch. (1. Pers. Sing.)
2 Unsere Deutschlehrerin ist streng und sie mag ______ nicht. (1. Pers. Sing.)
3 Chemie gefällt ______. (1. Pers. Sing.)
4 Wie findest ______ Mathe? (2. Pers. Sing.)
5 Soll ich ______ meinen Stundenplan schicken? (2. Pers. Sing.)
6 Ist Physik schwer für ______ ? (2. Pers. Sing.)
7 In Geschichte lesen ______ über das 19. Jahrhundert. (1. Pers. Pl.)
8 Herr Carr gibt ______ zu viele Hausaufgaben auf. (1. Pers. Pl.)
9 Was lernt ______ gerade in Englisch? (2. Pers. Pl.)
10 Ist Englisch so schwer für ______ wie Deutsch für ______?
(1. und 2. Pers. Sing.)

Du bist dran!

Schreib einige Sätze über deine Schule und stell dann deinem/r Brieffreund/in Fragen über seine/ihre Schule.

Name/
Gruppe:

➤ Das Präsens (Gegenwart) beschreibt, was gerade und in diesem Moment passiert.

➤ Das Verb hat unterschiedliche Endungen.

➤ Streich das **-en** am Ende des Infinitivs weg, bevor du die Endungen anhängst.

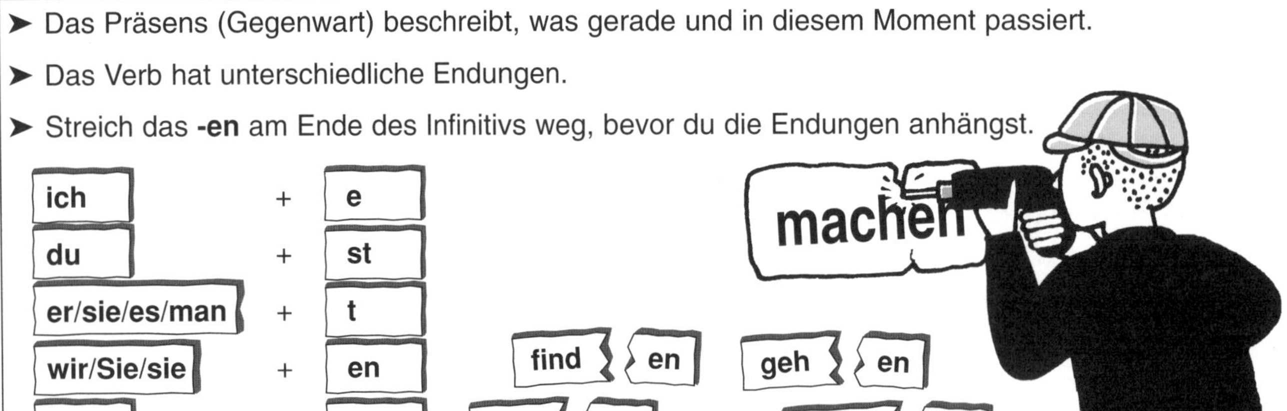

ich + **mach** + **e** → **ich mache** → **Ich mache meine Hausaufgaben.**
du + **mach** + **st** → **du machst** → **Warum machst du deine Hausaufgaben nicht?**

1 Setz die richtigen Verbendungen ein. Achtung! In Satz 3 musst du ein **-e** vor die Endung setzen!

1 Ich les_e_ ein Buch.
2 Schreib___ du auf Deutsch?
3 Klara? Sie find___ Biologie interessant.
4 Wir geh___ zu Fuß in die Schule.
5 Arbeit___ Sie gern hier, Herr Meyer?
6 Die Jungen? Sie mach___ nichts in Geschichte.
7 Spiel___ ihr Handball in England?

2 Bei einigen Verben sind 2. Person Singular (**du**) und 3. Person Singular (**er/sie/es**) veränderlich. Diese Verben am besten auswendig lernen!

geben	fahren	lesen
du gibst	**du fährst**	**du liest**
er gibt	**er fährt**	**er liest**

schlafen tragen nehmen geben essen sehen helfen

sieht nimmt schläft trägt gibt hilft isst

▼ Leer die Container! Übersetze die Infinitive in deine Sprache und schreib dann die richtige Verbform auf Deutsch.

infinitiv		*er/sie/es*
essen		*isst*
geben		
helfen		
nehmen		
schlafen		
tragen		
sehen		

3 ***Ich ... und du?*** Setz die richtigen Verbformen ein.

lernen Ich ________ Deutsch. Welche Fremdsprache ________ du?
machen Insgesamt ________ ich 10 Fächer. Wie viele Fächer ________ du?
lesen In Englisch ________ wir ‚Macbeth'. ________ du auch englische Bücher?
finden Ich ________ Sport prima. Wie ________ du Sport?
essen Ich ________ in der Kantine. Wo ________ du?
fahren ________ du mit dem Bus zur Schule oder gehst du zu Fuß?

Du bist dran!
Schreib deinem/r Brieffreund/in, wie dein Schultag aussieht. Stell ihm/ihr Fragen über seinen/ihren Schultag.

Name/
Gruppe:

➤ Reflexive Verben stehen mit einem Reflexivpronomen oder rückbezüglichen Fürwort. Sie lenken die Tätigkeit auf den Handelnden zurück.

➤ Lies die Beispiele rechts. Die Reflexivpronomen sind **mich** und **mir** und beziehen sich auf das Subjekt im Satz, hier **Ich**.

Ich wasche das Auto.
Ich wasche mich.
Ich putze das Badezimmer.
Ich putze mir die Zähne.

1 Lies die Sätze.

a Welches Bild passt zu welchem Satz? Schreib den richtigen Buchstaben in das Kästchen.

b Welcher Satz passt zu welchem Bild? Schreib die Buchstaben in die Kästchen. Finde dann die vier reflexiven Verben (achte auf das Extrawort!) und mach ein Häkchen in der letzten Spalte.

			Reflexiv?
1	Ich stehe um sieben Uhr auf.	F	......
2	Ich wasche mich.		......
3	Ich ziehe mich an.		......
4	Ich esse Frühstück.		......
5	Ich putze mir die Zähne.		......
6	Ich bürste mir die Haare.		......
7	Ich verlasse das Haus.		......
8	Ich gehe zur Schule.		......

A B C D E F G H

2 In Übung 1 steht das Reflexivpronomen entweder im Akkusativ (**mich**) oder im Dativ (**mir**). Schreib die vier Sätze mit den Reflexivverben in die richtige Spalte.

mich	mir

3 Franz erzählt, was er vor der Schule macht. Vervollständige die Sätze mit Wörtern aus dem Kästchen.

An einem Schultag

Ich stehe um 6.30 Uhr auf und ich _______ _____ im Badezimmer. Ich _______ _____ an – ich mag lässige Klamotten. Ich gehe nach unten in die Küche und ich esse Frühstück um 7.15 Uhr. Ich _______ _____ schnell die Zähne, _______ _____ die Haare und verlasse das Haus um 8.00 Uhr. Ich fahre mit dem Bus zur Schule.

bürste putze wasche ziehe mich mir mich mir

➡ Du bist dran!

Schreib einige Sätze darüber, was du machst, bevor du zur Schule gehst. Verwende dabei auch reflexive Verben.

Name/
Gruppe:

Reflexive Verben

◆◆◆ Stufe 3

- Reflexive Verben können regelmäßig oder unregelmäßig sein. Sie haben dieselben Endungen wie normale Verben.
- Reflexive Verben stehen mit einem Reflexivpronomen, das meist im *Akkusativ* steht.
- Wenn der Satz ein zweites Objekt enthält, steht das Reflexivpronomen im *Dativ*.
- **ich** und **du** sind die beiden einzigen Pronomen, die im Akkusativ und Dativ unterschiedlich sind. Siehe Beispiele rechts.

Akkusativ	*Dativ*
sich waschen	**sich die Zähne putzen**
ich wasche mich	**ich putze mir die Zähne**
du wäschst dich	**du putzt dir die Zähne**
er/sie wäscht sich	**er/sie putzt sich die Zähne**
wir waschen uns	**wir putzen uns die Zähne**
sie/Sie waschen sich	**sie/Sie putzen sich die Zähne**
ihr wascht euch	**ihr putzt euch die Zähne**

1 Unterstreiche die reflexiven Verben und schreib *Akk.* oder *Dat.* neben sie. Vervollständige dann die Sätze.

sich die Haare bürsten	☐	essen	☐
fahren	☐	sich anziehen	☐
verlassen	☐	sich waschen	☐
aufwachen	☐	sich freuen	☐
sich die Zähne putzen	☐	anziehen	☐
müssen	☐	sich die Haare waschen	☐

Ich wache in einer Schulwoche um 6.30 Uhr auf. Ich wasche ________ zuerst und ________ mir manchmal die Haare. Dann ziehe ich ________ an. Ich muss natürlich meine Schuluniform anziehen. Ich esse schnell mein Frühstück – vielleicht ein Glas Milch und eine Scheibe Toast. Ich putze ________ die Zähne, ________ mir schnell die Haare und verlasse das Haus um 8.00 Uhr. Ich fahre mit dem Bus zur Schule.

2 Nicht alle reflexiven Verben lenken die Tätigkeit auf den Handelnden. Lies die Sätze und übersetze dann die Infinitive in der Tabelle in deine Sprache.

1. Im Urlaub sonne ich mich den ganzen Tag.
2. Interessierst du dich für Yoga?
3. Ich mag nicht zu Hause bleiben. Ich langweile mich!
4. Ich freue mich schon auf die Ferien!
5. Setzt euch!
6. Wie fühlst du dich nach der Krankheit?
7. Schreiben wir uns?
8. Wann und wo treffen wir uns?

1	sich *sonnen*		________
2	sich ________	für	________
3	sich ________		________
4	sich ________	auf	________
5	sich ________		________
6	sich ________		________
7	sich ________		________
8	sich ________		________

3 Vervollständige die Sätze mit den Verben in Klammern.

1. *(sich freuen)* Ich ____________ ________ auf deinen Brief.
2. *(sich schreiben)* Wir ____________ ________ jeden Tag!
3. *(sich fühlen)* Wie ____________ sie ________?
4. *(sich langweilen)* ____________ du ________?
5. *(sich interessieren fur)* Ich ____________ ________ für Musik.
6. *(sich treffen)* Wo ____________ wir ________?

Du bist dran!

Schreib deinem/r Brieffreund/in, dass du dich auf seinen/ihren Besuch freust (verwende **sich freuen auf**). Schreib ihm/ihr, was du an Wochentagen und am Wochenende machst. Verwende auch andere reflexive Verben, z. B. **sich interessieren für**.

Name/
Gruppe:

Fragen

◆/◆◆ Stufe 1–2

➤ Fragen kann man im Deutschen auf drei Arten stellen:
- durch Umstellung von Subjekt und Verb, z. B. **spielst du**? oder **gehen wir**?
- durch Hinzufügung von **nicht wahr**? am Ende eines Satzes
- durch Verwendung eines Frageworts wie **wo** oder **wann** und Umstellung von Subjekt und Verb.

➤ Die Fragewörter fangen alle mit **W** an:

Wo? **Wann?** **Was?** **Wie?** **Wer?** **Warum?** **Wie viel(e)?**

1 Schreib Fragen wie angegeben.

a Verwende **nicht wahr?**

F *Du spielst gern Hockey, nicht wahr?*

A Ja, ich spiele sehr gern Hockey.

F Du ______st _____ _____ _____, nicht wahr?

A Ja, ich gehe oft ins Kino.

b Stell Verb und Subjekt um.

F _____iffst d____ Max um sieben Uhr?

A Ja, ich treffe Max um sieben Uhr.

F _______st d____ Briefmarken?

A Ja, ich sammle Briefmarken.

wo? und **wer?** werden gern verwechselt.

2 Fußballstar Sammi wird interviewt. Vervollständige die Sätze mit **wer** oder **wo**.

1 ______ trainierst du?

2 ______ ist der beste Spieler?

3 ______ spielt ihr am Samstag?

4 ______ ist der Stadion?

5 ______ ist der beste Stürmer?

3 Interview mit einem Sportler! Schreib die passenden Fragewörter in die Lücken und schreib dann die richtigen Buchstaben für die Antworten in die Kästchen.

1 _________ Goldmedaillen hast du jetzt? ☐

2 _________ wolltest du Athlet werden? ☐

3 _________ trainierst du? ☐

4 _________ fühlst du dich, wenn du gewinnst? ☐

5 _________ machst du, wenn du gewinnst? ☐

6 _________ ist dein nächster Wettkampf? ☐

A Weil mir Laufen Spaß macht.
B Im Stadion in der nächsten Stadt.
C In vier Monaten.
D Na ja, ganz happy!
E Ich habe jetzt drei gewonnen.
F Ich treffe ein paar Freunde und wir feiern!

➡ Du bist dran!

Stell deinem/r Brieffreund/in zehn Fragen über seine/ihre Hobbys und Interessen. Verwende mindestens fünf verschiedene Fragewörter sowie andere Arten, eine Frage zu stellen.

Name/
Gruppe:

➤ Fragen kann man im Deutschen auf drei Arten stellen:

- durch Umstellung von Subjekt und Verb: **Spielst du gern Tennis?**
- durch Hinzufügung von **nicht wahr?** am Ende eines Aussagesatzes
- durch Verwendung eines Frageworts und Umstellung von Subjekt und Verb: **Wann spielst du Tennis?**

➤ Einfache Fragewörter (Interrogative):

wann?	**was?**	**was für?**
wie?	**warum?**	**wie viel(e)?**

➤ Weitere Fragewörter:

wer?	Akkusativ → **wen?** Dativ → **wem?**
wo?	**wohin?** → in welche Richtung? **woher?** → aus welcher Richtung?
welcher?	wird wie ein Adjektiv ohne Artikel verwendet: **welches Buch?**, **welche CDs?**, **in welchem Park?** Siehe Adjektive, *Grammatik im Fokus* (AB 50).

1 Alex fragt Gregor, ob er Lust hat, mit ins Kino zu gehen. Vervollständige die Sätze mit Fragewörtern aus dem Kästchen.

wer
wie viel
wo
wie
warum
was für
wann

1 __________ treffen wir uns heute Abend? Vor dem Kino?

2 __________ beginnt der Film?

3 __________ heißt der Regisseur?

4 __________ spielt die Hauptrolle?

5 __________ ein Film ist das überhaupt?

6 __________ kostet der Eintritt?

7 __________ kommt Heidi nicht mit?

2 Susanne ist neugierig, wie Klaras Abend in der Disko war. Wähl die richtigen Fragewörter.

1 (Wo/Woher/Wohin) seid ihr gegangen?

2 (Welcher/Welche/Welches) Kleid hast du getragen?

3 (Wer/Wen/Wem) hast du getroffen?

4 Mit (wer/wen/wem) hast du getanzt?

5 (Welcher/Welche/Welches) Musik hat dir am besten gefallen?

6 (Wer/Wen/Wem) hat die Getränke bezahlt?

7 (Wo/Woher/Wohin) kam der Junge, mit dem du den ganzen Abend getanzt hast?

8 (Wo/Woher/Wohin) wohnt er und (was/wie/warum) sieht er aus?

3 Elke wurde über ihre Karriere als Schwimmsportlerin interviewt. Schreib passende Fragen zu den Antworten.

1 ______________________________

Ich trainiere jeden Tag im Hallenbad in Göttingen.

2 ______________________________

Ich versuche hundert Bahnen pro Tag zu schwimmen.

3 ______________________________

Ganz einfach, weil es Spaß macht!

4 ______________________________

Bis jetzt habe ich sechs Medaillen gewonnen.

Du bist dran!

Du möchtest abends mit einem/r Freund/in ausgehen. Stell Fragen und verwende mindestens fünf verschiedene Fragewörter. Versuche deine Fragen auf unterschiedliche Arten zu stellen.
Oder: Schreib einen Brief an einen bekannten Filmstar/Sportler und stell Fragen, die dich interessieren.

Name/
Gruppe:

Die Modalverbem **müssen**, **wollen** und **sollen** musst du auswendig lernen!

Einige Formen kennst du schon …

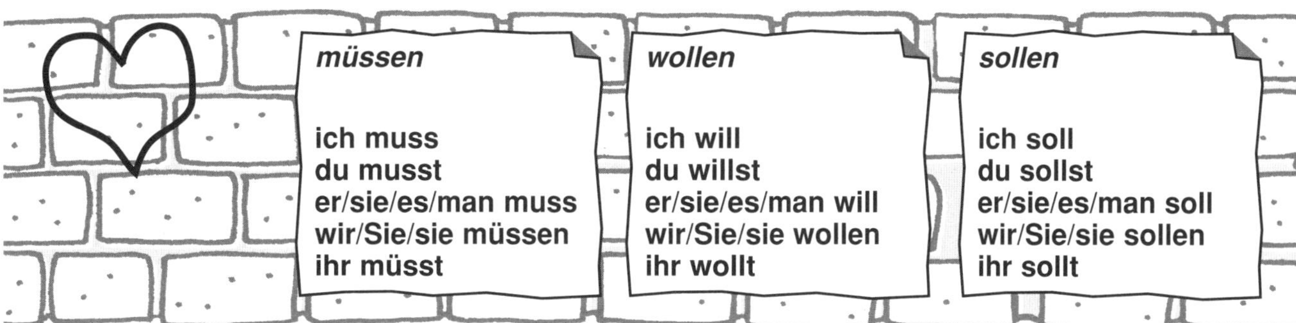

1 Gerd und Eva wollen ein Hotelzimmer buchenl.

a Schreib die richtigen Formen von **müssen**, **wollen** oder **sollen** in die Lücken.
b Unterstreiche das zweite Verb in den Sätzen.

– Ich m*uss* ein Hotelzimmer reservieren.

– Ja, aber ich w____ es bequem haben. Das Hotel ‚Zum Löwen' s____ ein gutes Restaurant und eine Sauna haben.

– Für ein Doppelzimmer in einem Luxushotel m____ man mindestens 150 Euro pro Nacht zahlen.

– Ja, aber sonst w____ ich nicht fahren. Ich m____ es bequem haben!

Das zweite Verb (im Infinitiv) rückt ans Satzende.

Modalverb		*2. Verb*
Ich muss	ein Hotelzimmer	reservieren.

2 Ordne die Wörter und schreib Sätze.

1 Luxushotel – in – will – einem – reservieren – ein – Ich – Zimmer

Ich ____________________

2 will – Restaurant – essen – Ich – einem – guten – in

Ich ____________________

3 Sauna – das – haben – Hotel – eine – Und – muss

Und ____________________

4 muss – zahlen – Ich – 150 Euro

Ich ____________________

➡ Du bist dran!

Ein/e Freund/in bucht dir ein Hotel. Schreib ihm/ihr, was du möchtest. Nützliche Ausdrücke:

Das Hotel muss … haben.
Das Hotel soll … sein.
Ich muss …
Ich will …

Name/
Gruppe:

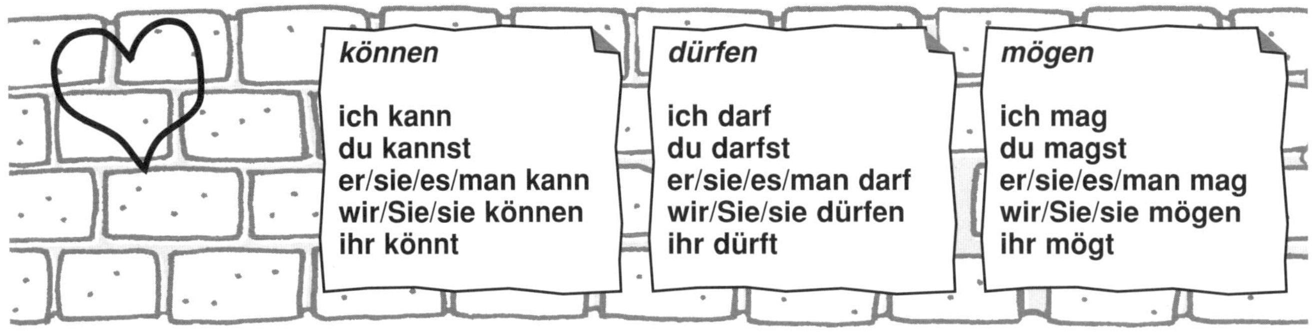

- Die Modalverben **können**, **dürfen** und **mögen** muss man auswendig lernen.
- Achtung! **ich kann** und **ich darf** haben eine unterschiedliche Bedeutung:
- **ich kann** → ich bin fähig, etwas zu tun
- **ich darf** → ich habe die Erlaubnis, etwas zu tun

1 Einige Hotelgäste stellen der Empfangsdame verschiedene Fragen. Vervollständige die Fragen mit der richtigen Form von **können** oder **dürfen**.

1 K*ann* man in diesem Hotel Tennis spielen?
2 D_______ wir im Schlafzimmer frühstücken?
3 D_______ man im Zimmer rauchen?
4 K_______ man hier eine Zeitung kaufen?
5 K_______ ich ein Einzelzimmer für nächste Woche reservieren?
6 D_______ ich das Zimmer zuerst angucken?

2 Ordne die Wörer und schreib Sätze.
Vergiss nicht, dass das zweite Verb ans Satzende rückt.

1 im – Darf – Hotel – man – rauchen?

____

2 Pommes – im – Darf – Zimmer – essen – man?

____

3 man – frühstücken – Kann – sieben – Uhr – um?

____

4 zahlen – die – Muss – Rechnung – ich – jetzt?

____

5 mieten – Auto – Kann – hier – ich – ein?

____

Du bist dran!

Schreib einen Brief an ein Hotel und stell fünf Fragen wie in Übung 2. Nützliche Ausdrücke:

Kann man …? Darf man …? Muss man …?
Kann ich …? Darf ich …? Muss ich …?

Name/
Gruppe:

Grammatik im Fokus

müssen

ich muss
du musst
er/sie/es/man muss
wir/Sie/sie müssen
ihr müsst

Man muss vor der Abreise die Rechnung zahlen.

können

ich kann
du kannst
er/sie/es/man kann
wir/Sie/sie können
ihr könnt

Können wir bitte einen Tisch für zwei reservieren?

dürfen

ich darf
du darfst
er/sie/es/man darf
wir/Sie/sie dürfen
ihr dürft

Die Gäste dürfen im Winter nicht im Freibad schwimmen.

➤ Die sechs Modalverben sind:

müssen
können
dürfen
wollen
sollen
mögen

➤ Das zweite Verb (im Infinitiv) steht am Satzende:

Ich soll ein Hotelzimmer für nächste Woche reservieren.

Wie lange wollen Sie in München bleiben?

Wenn Sie eine ganze Woche bleiben wollen, müssen Sie sofort reservieren.

wollen

ich will
du willst
er/sie/es/man will
wir/Sie/sie wollen
ihr wollt

Wollen Sie auch ein Auto mieten?

sollen

ich soll
du sollst
er/sie/es/man soll
wir/Sie/sie sollen
ihr sollt

Du sollst das Bett machen.

mögen

ich mag
du magst
er/sie/es/man mag
wir/Sie/sie mögen
ihr mögt

Ich mag nicht im Hotel essen.

können oder *dürfen*?

können → zu etwas fähig, in der Lage sein

dürfen → die Erlaubnis haben, etwas zu tun

Ich kann nicht schwimmen.
Ich darf nicht schwimmen.

müssen und *dürfen*

Wenn du keine Erlaubnis hast, etwas zu tun, musst du **nicht dürfen** verwenden und nicht **nicht müssen** oder **nicht können**.

Du darfst in der Bar trinken.
Du darfst nicht in der Bar trinken.

Name/
Gruppe:

1 ***An der Hotelrezeption*** Ordne die Wörter und schreib Fragen und Sätze. Denk daran, dass das zweite Verb am Satzende steht.

1 bleiben – Sie – lange – wollen – Wie?

____

2 Einzelzimmer – Sie – ein – reservieren – Wollen – ein – Doppelzimmer – oder?

____

____

3 hier – Sie – unterschreiben – bitte – Können?

____

4 Pass – bitte – mir – Sie – zeigen – Können – Ihren?

____

5 ein – mieten – im – Hotel – Auto – Sie – Ja – können

____

6 zahlen – von – Sie – Kaution – eine – 50 Euro – müssen

____

7 ab – können – Sie – frühstücken – 6.30 Uhr

____

8 im – leider – schwimmen – dürfen – nicht – im – Winter – Sie – Freibad

____

____

Die sechs Modalverben sind **müssen**, **können**, **dürfen**, **wollen**, **sollen** und **mögen**. Siehe auch *Grammatik im Fokus* (AB 29).

2 Füll die Lücken mit dem fehlenden Teil der richtigen Modalverben.

Wie wäre es mit einer Jugendherberge?

Wo (1) m__________ du übernachten, wenn du unterwegs bist? Eine Jugendherberge ist bequem und man (2) k__________ in den Betten gut schlafen. Aber der Nachteil ist, man (3) m__________ das Bett selbst machen! Die Gäste (4) d__________ in der Küche kochen, aber es gibt wenig Platz.

Man (5) k__________ keine komplizierten Rezepte ausprobieren! Und außerdem (6) m__________ die Gäste auch abwaschen! Es gibt auch ein kleines Geschäft, wo man Lebensmittel kaufen (7) k__________, und das ist praktisch! Abends (8) d__________ man nicht später als elf Uhr zurückkommen.

Wenn man fernsehen oder Karten spielen (9) w__________, dann gibt's den Aufenthaltsraum. Aber ab elf Uhr (10) s__________ alles ruhig sein. Alles in allem übernachte ich lieber im Hotel!

3 Charlotte schreibt ihrer Brieffreundin über das Hotel, in dem sie wohnt. Übersetze die Sätze in deine Sprache. Zur Wiederholung: siehe **müssen**, **dürfen** und **können**, *Grammatik im Fokus* (AB 29).

1 Man kann schwimmen und Tennis spielen. ______________________________

2 Man kann aber nicht Golf spielen. ______________________________

3 Hotelgäste dürfen nicht vor 10 Uhr schwimmen. ______________________________

4 Wir können bis 23 Uhr im Restaurant essen. ______________________________

5 Ich darf aber nicht in meinem Zimmer frühstücken.

____

6 Meine Eltern müssen nichts anzahlen.

____

7 Wir müssen aber für Tennis bezahlen.

____

Du bist dran!

Du wohnst in einem Hotel oder in einer Jugendherberge in Deutschland. Schick deinem/r Brieffreund/in eine E-Mail und beschreib das Hotel. Verwende dabei so viele Modalverben wie möglich mit **ich**, **man** und **wir**. Stell mindestens eine Frage mit **du** und einem Modalverb.

Name/
Gruppe:

sein und *haben*

◆/◆◆ Stufe 1–2

Zwei der häufigsten Verben im Deutschen sind **sein** und **haben**. Beide sind unregelmäßig und müssen auswendig gelernt werden.

1 Setz die richtigen Formen von **sein** in die Lücken.

2 Klaus und seine Freunde planen einen Ausflug. Sie wollen mit dem Zug fahren. Streich die falschen Formen von **haben** durch.

1 Also, ich (habe/hast/hat) die Fahrkarten. (Habe/Hast/Hat) du den Stadtplan?
2 Nein, ich glaube, Uschi und Ulla (habe/hat/haben) den Plan.
3 Falsch! Wir (habe/hat/haben) ihn nicht! Klaus (habe/hat/haben) den Stadtplan.
4 Ach nein! (Habe/Hast/Habt) ihr beide den Stadtplan nicht? Das ist eine Katastrophe!

3 Anton und Chris haben ihren Schüleraustausch per E-Mail geplant. Vervollständige die Sätze mit den Wörtern aus dem Kästchen.

1 Ich ______ glücklich, dass ich nach England komme.
2 Ich komme nach Deutschland und ich ______ froh.
3 Ich ______ meinen Pass.
4 ______ du nervös?
5 ______ du dein eigenes Schlafzimmer?

bin	habe
bist	hast
bin	

Du bist dran!

Schreib deinem/r Brieffreund/in in Österreich, dass du zu Besuch kommst.

- Beginne mit **Ich freue mich auf den Besuch in Österreich.**
- Sag, wie du dich fühlst: froh, aufgeregt, nervös?
- Sag, was du mitbringst: **Ich habe (meinen Fotoapparat) mit.**
- Stell Fragen mit **Bist du …?** oder **Hast du …?** Frag deine/n Brieffreund/in, ob er oder sie ein eigenes Zimmer oder einen CD-Spieler hat.
- Beende den Brief mit **Bis bald!**

Name/
Gruppe:

Trennbare Verben

◆/◆◆ Stufe 1–2

Trennbare Verben bestehen aus zwei Teilen. Der Infinitiv dieser Verben ist ein Wort, aber wenn das Verb im Satz gebraucht wird, wird es meist getrennt. Der Teil, der vom Verb getrennt wird, heißt Vorsilbe oder Präfix.

abfahren → Der Zug fährt ab.

1 Übersetze die Sätze in deine Sprache.

1 Wann fährt der nächste Zug ab?

____

2 Der Zug fährt um 15.20 Uhr ab.

____

3 Fährst du mit?

____

4 Ich rufe meine Mutter an.

____

5 Sie holt uns ab.

____

2 Frank erzählt von seinen Reiseplänen. Vervollständige die Sätze mit den Vorsilben aus dem Container!

1 Ich fahre am Samstag nach Düsseldorf.
Lukas fährt _____.

2 Der Zug fährt um 13.20 Uhr _____.

3 Der Zug kommt um 18.30 Uhr _____.

4 Ich rufe meinen Onkel _____.

5 Er holt uns _____.

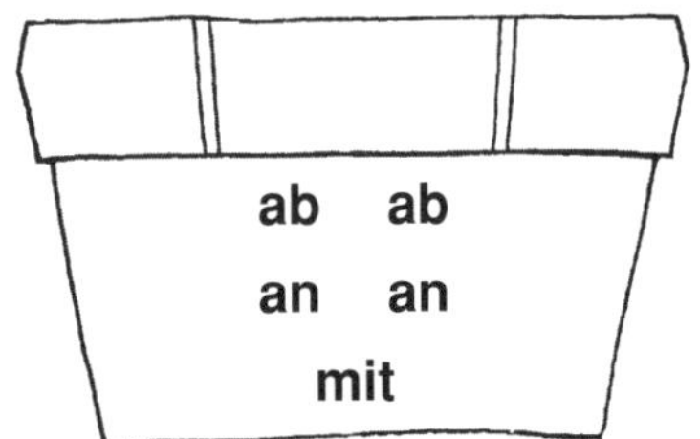

3 Frank ruft seinen Freund an. Er sagt, wann er ankommt, und fragt, ob man ihn abholen kann. Ordne die Wörter und schreib Sätze. Denk daran, dass die Vorsilben, z. B. **ab** oder **an**, am Satzende stehen.

– Hallo! Zug – fährt – Mein – ab – um – 15.00 Uhr.

____

– kommt – Und – an – wann – er?

____

– Uhr – Um – 17.20. mich – Kannst – abholen – du?

____

– Klar! Der – an – kommt – Zug – um – also – 17.20 Uhr?

____

____

– ich – Ja – dich – Bahnhof – rufe – vom – an.

____

– morgen – Bis.

____

– Tschüs!

Du bist dran!

Schreib deinem/r Brieffreund/in eine kurze Notiz.

- Sag, wann du am Samstag ankommst (**ankommen**).
- Sag, wann dein Zug abfährt und ankommt (**abfahren, ankommen**).
- Sag, auf welchem Gleis dein Zug abkommt (**Mein Zug/ankommen/auf Gleis ...**).
- Bitte ihn/sie, dich abzuholen.
- Schreib am Ende **bis Samstag** und **mit lieben Grüßen**.

Name/
Gruppe:

➤ Trennbare Verben bestehen aus einem Präfix und einer Wurzel. Der Infinitiv dieser Verben ist ein Wort, aber wenn das Verb im Satz gebraucht wird, wird es meist getrennt.

abfahren	**Der Zug fährt um 18.08 ab.**
ankommen	**Und er kommt um 19.30 an.**
mitfahren	**Mein Vater fährt mit.**

➤ Wird ein trennbares Verb mit einem Infinitiv (z. B. zusammen mit einem Modalverb) gebraucht, so bleiben Präfix und Wurzel zusammen. Wenn **zu** verwendet wird, steht der Infinitiv als ein Wort, aber **zu** rückt zwischen Präfix und Wurzel.

abholen	**Kannst du uns abholen?**
abfahren	**Der Zug begann abzufahren.**

➤ Trennbare Verben stehen zusammen, wenn das Verb am Ende des Satzes steht.

abfahren	**Ich beeile mich, weil der Zug abfährt.**

➤ Zwei weitere, häufig vorkommende Verben sind **mitkommen** und **anrufen**.

1 Vervollständige die Sätze mit dem richtigen Präfix.

1 Der Zug nach Aachen fährt gleich ____.
2 Und wann kommt er ____?
3 Meine Eltern fahren nicht ____.
4 Rufen wir Tobias ____?
5 Ich hole ihn vom Bahnhof ____.

2 Klaus und seine Freunde wollen zu einem Fußballspiel nach Augsburg fahren. Sie verwenden einige der Verben oben sowie **stattfinden**, **anfangen**, **fernsehen**, **einkaufen**. Ordne die Wörter und schreib Sätze. Denk daran, dass das Präfix am Satzende steht.

1 statt – heute – Wo – das – findet – Match?
____
2 fängt – das – Und – wann – an – Match?
____
3 den – Ich – an – Fußballklub – rufe
____
4 du – auch – mit – Fährst?
____
5 lieber – fern – ich – Nein – sehe!
____
6 ein – kaufe – lieber – Und – ich!
____

3 Vervollständige die Sätze mit dem richtigen Infinitiv. Vergiss nicht, dass der Infinitiv ein Wort ist und das Präfix am Wortanfang steht!

1 Mein Vater holt uns ab.
Vati, kannst du uns __________?
2 Fahren wir gleich ab!
Wann werden wir __________?
3 Ruf mich bitte an.
Kannst du mich bitte __________?
4 Fährst du mit?
Möchtest du __________?
5 Ich fahre gern mit.
Ich habe Lust ____zu__________.
6 Sehen wir fern?
Willst du __________?
7 Kaufen wir in der Stadtmitte ein?
Sollen wir in der Stadtmitte __________?

Du bist dran!

Schreib deinem/r Brieffreund/in eine Nachricht, wann du nächstes Wochenende ankommst und mit welchem Zug: gib die Abfahrts- und Ankunftszeiten an und die Gleisnummer (**auf Gleis** …). Frag, wer dich abholen wird, und schlag vor, dass du deine/n Brieffreund/in anrufst, um alles zu bestätigen. Schlag vor, was ihr machen könntet, und verwende **fernsehen**, **einkaufen**, **stattfinden** usw.

Name/
Gruppe:

Grammatik im Fokus

regelmäßige Verben

➤ Alle im Präsens regelmäßigen Verben haben dieselben Endungen. Statt des **-en** im Infinitiv die folgenden Endungen anhängen:

machen
ich mache
du machst
er/sie/es/man macht
wir/Sie/sie machen
ihr macht

Was macht ihr?
Er macht nichts

➤ Wenn der Infinitiv auf **-ten** oder **-den** endet, steht bei **du** und **er/sie/es/man** ein zusätzliches **e**.

Er arbeitet nicht, er ist auf Urlaub.
Wie findest du den Campingplatz Eichenwald?

sein

ich bin
du bist
er/sie/es/man ist
wir/Sie/sie sind
ihr seid

Er ist im Urlaub.
Sie sind jetzt in Italien.

Präsens (regelmäßige Verben, sein*,* haben*,* werden*)*

➤ Das Präsens beschreibt, was gerade oder generell geschieht. Beispiel: **Was machst du?** hat entweder die Bedeutung ‚Was tust du jetzt, in diesem Moment?' oder ‚Was machst du im Allgemeinen?'.

➤ *Grammatik im Fokus* behandelt hier die Muster für regelmäßige Verben und die unregelmäßigen Verben **sein**, **haben** und **werden**. Diese Verben am besten auswendig lernen!

➤ Präsens anderer unregelmäßiger Verben, trennbarer Verben und reflexiver Verben: siehe *Grammatik im Fokus* (AB 35).

➤ Präsens von Modalverben: siehe *Grammatik im Fokus* (AB 29).

haben

ich habe
du hast
er/sie/es/man hat
wir/Sie/sie haben
ihr habt

Hast du deinen Pass?
Wir haben so viel Gepäck!

werden

werden wird auch zur Bildung des Futurs und des Passivs verwendet.

ich werde
du wirst
er/sie/es/man wird
wir/Sie/sie werden
ihr werdet

Ich werde ungeduldig!
Du wirst reich!

Name/
Gruppe:

Grammatik im Fokus

unregelmäßige Verben

➤ Bei vielen Verben ändert sich im Präsens bei **du** und **er/sie/es/man** der Vokal. Beispiel:

essen

ich esse
du <u>isst</u>
er/sie/es/man <u>isst</u>
wir/Sie/sie essen
ihr esst

➤ Weitere Verben mit Vokaländerungen:

a *im Infinitiv* → ä	**e *im Infinitiv* → i**		**e *im Infinitiv* → ie**
fahren – er fährt **laufen – er läuft** **schlafen – er schläft** **tragen – er trägt**	**essen – er isst** **geben – er gibt** **helfen – er hilft**	**nehmen – er nimmt** **sprechen – er spricht** **treffen – er trifft**	**lesen – er liest** **sehen – er sieht**

Präsens (unregelmäßige, trennbare und reflexive Verben)

➤ *Grammatik im Fokus* behandelt hier die Bildung des Präsens von unregelmäßigen, trennbaren und reflexiven Verben.

➤ Präsens der regelmäßigen Verben, unregelmäßigen Verben **sein**, **haben** und **werden**: siehe *Grammatik im Fokus* AB 34; Präsens von Modalverben: siehe AB 29.

trennbare Verben

➤ Trennbare Verben bestehen aus einem Präfix und einer Wurzel. Im Infinitiv stehen sie zusammen, im Präsens jedoch getrennt. Die Wurzel eines trennbaren Verbs wie gewöhnlich behandeln (das Verb kann unregelmäßig, regelmäßig oder reflexiv sein) und das Präfix ans Satzende stellen.

Der Bus zum Strand <u>fährt</u> um neun Uhr <u>ab</u>.

Wann <u>fängt</u> der Tischtenniswettbewerb <u>an</u>?

➤ Steht das Verb am Satzende, so kommen Präfix und Wurzel wieder zusammen.

Weißt du, wann der Bus <u>zurückfährt</u>?

➤ Wird der Infinitiv im Satz gebraucht (z. B. zusammen mit einem Modalverb), so wird er als ein Wort geschrieben.

Kann man auf dem Campingplatz <u>fernsehen</u>?

reflexive Verben

➤ Reflexive Verben haben ein zusätzliches Wort, das Reflexivpronomen. Die meisten reflexiven Verben folgen diesem Muster. Das Reflexivpronomen steht dabei im Akkusativ:

sich sonnen

ich sonne <u>mich</u>
du sonnst <u>dich</u>
er/sie/es/man sonnt <u>sich</u>
wir sonnen <u>uns</u>
Sie sonnen <u>sich</u>
sie sonnen <u>sich</u>
ihr sonnt <u>euch</u>

➤ Wenn das reflexive Verb Teil eines Objektsatzes ist, steht das Reflexivpronomen im Dativ. Nur die Personalpronomen **ich** und **du** verändern sich im Dativ:

Ich putze <u>mir</u> die Zähne.
Du putzt <u>dir</u> die Zähne.
Er putzt sich die Zähne. usw.

Name/
Gruppe:

Infos zum Präsens regelmäßiger Verben sowie **sein**, **haben** und **werden**: siehe *Grammatik im Fokus* AB 34; zum Präsens anderer unregelmäßiger Verben, trennbarer Verben und reflexiver Verben: siehe AB 35.

1 Elsa beschreibt ihren Campingurlaub. Vervollständige die Sätze mit der richtigen Präsensform der Verben rechts.

Hier auf dem Campingplatz ‚Unter den Eichen' (1) ____________ wir viel zu tun. Ich (2) ____________ jeden Morgen im Freibad. Ich (3) ____________ schon um 8 Uhr dort zu sein, bevor es zu hektisch (4) ____________.

Meine Eltern (5) __________ gern Golf und zum Glück (6) ____________ es einen Golfklub gleich hinter dem Campingplatz. Manchmal (7) ____________ sie den ganzen Vormittag dort. Wenn mein Vater (8) ____________, (9) ____________ er für den Rest des Tages guter Laune. Wenn er aber (10) ____________ ...!

Meine Mutter (11) ____________ nicht gern im Urlaub. Sie (12) ____________, das (13) ____________ zu viel Zeit in Anspruch. Sie (14) ____________ lieber im Restaurant und wir (15) ____________ deshalb jeden Abend in die nächste Stadt.

1 finden
2 schwimmen
3 versuchen
4 werden
5 spielen
6 geben
7 verbringen
8 gewinnen
9 sein
10 verlieren
11 kochen
12 sagen
13 nehmen
14 essen
15 fahren

2 Vervollständige die Sätze mit den trennbaren Verben aus dem Kästchen.

anrufen einkaufen
abfahren abholen anfangen

1 Der Bus zum Strand __________ ______.
2 Ein Tischtenniswettbewerb __________ jetzt ______.
3 Karl __________ seine Freundin zu Hause ______.
4 Ein junges Paar __________ im Supermarkt ______.
5 Herr Winkel __________ seine Tochter am Ende ihres Urlaubs ______.

3 Elsas Freundin stellt Elsa Fragen über den Campingplatz. Vervollständige die Fragen und Antworten mit den reflexiven Verben in Klammern.

1 (sich waschen) – Wo __________ du ______?
– Ich __________ ______ in den Sanitäranlagen.

2 (sich putzen) – __________ du ______ dort auch die Zähne?
– Nein, ich __________ ______ die Zähne im Zelt.

3 (sich anziehen) – __________ du ______ im Zelt ______?
– Nein, ich __________ __________ lieber in den Duschräumen ______.

4 (sich treffen) – Siehst du jeden Tag die ganze Clique?
– Ja, wir __________ ______ jeden Tag.

5 (sich langweilen) – Was macht ihr den ganzen Tag?
__________ ihr ______ nicht?

(sich sonnen) – Überhaupt nicht! Wir faulenzen und __________ ______ am Strand.

Du bist dran!
Beschreib deinem/r Brieffreund/in, was es alles auf dem Campingplatz gibt und was du machst. Verwende das Präsens sowie regelmäßige, unregelmäßige, trennbare und reflexive Verben. Stell auch ein paar Fragen.

Name/
Gruppe:

➤ Das Perfekt beschreibt, was in der Vergangenheit passiert ist. Es besteht aus zwei Verben: (i) meist **haben** und (ii) dem Mittelwort oder Partizip eines anderen Verbs.

➤ Das Partizip Perfekt eines regelmäßigen Verbs wird wie folgt gebildet: statt des **-en** des Infinitivs ein **-t** am Ende anhängen und die Vorsilbe **ge-** an den Anfang setzen: **gemacht**.

machen **mach** **en**

Ich habe … gemacht.

1 Setz die fehlenden Perfektpartizipien ein. Setz die Vorsilbe **ge-** vor den Infinitiv in Klammern und ersetze **-en** mit **-t** am Ende.

2 Leer die Container und bilde Sätze über einen Familienurlaub. Wähl einen Satz mit **haben** aus dem ersten Container und ergänze ihn mit dem passenden Verb aus dem zweiten Container.

habe am Strand Volleyball
haben gar nichts
hat einen neuen Bikini
haben Sandburgen
haben am See Enten

gebaut
gesegelt
gefüttert
gemacht
gekauft

1 Ich *habe am Strand Volleyball gespielt.*
2 Ella ____________________
3 Die kleinen Kinder ____________________
4 Meine Eltern ____________________
5 Wir ____________________

3 Bei diesen Sätzen über Stefans Urlaub in Österreich folgen die Perfektpartizipien nicht dem üblichen Muster. Ordne die Wörter! Denk daran, dass das Partizip Perfekt am Satzende steht.

1 haben – gegessen – im – Wir – Restaurant

____

2 Wein – Ich – getrunken – habe

____

3 Film – einen – Wir – gesehen – haben – Kino – im – tollen

____

4 gelesen – Bücher – viele – habe – Ich

____

5 paar – ein – geschrieben – Postkarten – habe – Ich

____

Du bist dran!

Schreib eine Postkarte aus dem Urlaub und erzähl, was du gemacht hast. Beginne mit **Ich bin in …**(Ort) **im Urlaub. Es ist wunderschön.** Schreib drei Sätze mit **Ich habe …** und drei mit **Wir haben …**

Name/
Gruppe:

➤ Das Perfekt einiger Verben ist **sein** + Partizip Perfekt (statt **haben** + Partizip Perfekt).

➤ Viele dieser Verben beschreiben Bewegung.

Kristoph hat einen Aktivurlaub verbracht. Er sagt:
Ich bin nach Italien gefahren.
Ich bin jeden Tag geschwommen.
Ich bin im Wald gewandert.
Ich bin nach Amerika geflogen.
Ich bin zum Fitnesszentrum gegangen.

➤ Hier eine Ausnahme: Das Verb beschreibt keine Bewegung, bildet das Perfekt aber trotzdem mit **sein**.

Anna hat einen Faulenzerurlaub verbracht. Sie sagt:
Ich bin nur im Bett geblieben.

➤ Einige der Verben, die **sein** gebrauchen, haben regelmäßige Perfektpartizipien, z. B. **Ich bin gewandert**. Sie sind aber fast alle unregelmäßig und enden meist mit **-en** wie die anderen Beispiele auf Kristophs Liste: **gefahren, geschwommen, geflogen, gegangen**.

1 Claudia erzählt von ihrem Urlaub. Ordne die Wörter und bilde Sätze. Vergiss nicht, dass das Partizip Perfekt am Satzende steht!

1 Ich – gefahren – in – Urlaub – bin ______________________
2 sind – geflogen – nach – Amerika – Wir ______________________
3 Tag – Wald – jeden – gewandert – sind – Wir – im ______________________
4 spazieren gegangen – dem – bin – Ich – Hund – mit ______________________
5 Ich – mit – geschwommen – meinen – Freunden – bin ______________________

2 Auf jedem Boot steht ein Verb. Mal die Segel der Boote rot an, deren Verb das Perfekt mit **haben** bilden. Mal die Segel blau an, wenn das Verb das Perfekt mit **sein** bildet.

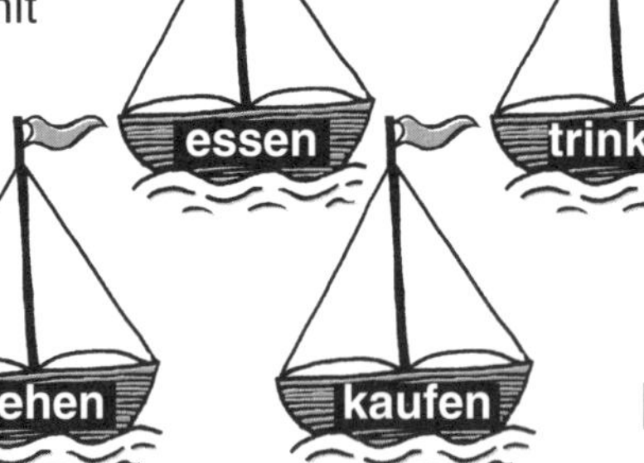

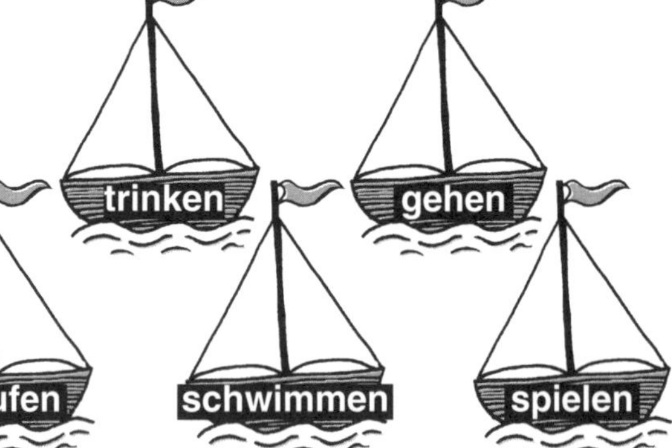

3 Füll die Lücken mit Wörtern aus dem Kästchen.

hast	geflogen	bist	gesehen
gekocht	hast	Hast	gefahren

Lieber Freddy,

Bist du jetzt wieder zu Hause? Wie war der Urlaub? Wohin (1) _______ du gefahren und was hast du (2) _______ und gemacht? Wie bist du hingefahren: bist du (3) ________ oder mit dem Auto (4) ________? Und wo (5) _______ du übernachtet? (6) _______ du gezeltet oder vielleicht ein paar schöne Tage in einem Hotel verbracht? Hast du (7) ________ oder (8) _______ du im Restaurant gegessen?

Bitte schreib mir bald. Ich möchte alles über deinen Urlaub wissen!

Liebe Grüße,

Sonia

➡ Du bist dran!

Schreib Freddys Antwort auf Sonias Brief und beantworte ihre Fragen. Stell auch eine oder zwei Fragen selbst. Verwende Verben, die das Perfekt mit **haben** und **sein** bilden.

Name/
Gruppe:

Grammatik im Fokus

regelmäßige Verben mit haben

➤ Bildung des regelmäßigen Perfektpartizips: **-en** des Infinitivs durch **-t** ersetzen und **ge-** vor den Infinitiv setzen:

machen → gemacht
spielen → gespielt

➤ Verben mit **t** oder **d** vor dem **-en** erhalten im Partizip Perfekt ein zusätzliches **e**:

arbeiten → gearbeitet

➤ Verben, die mit **be-**, **ver-** oder **er-** anfangen oder auf **-ieren** enden, erhalten kein **ge-**:

besuchen → besucht
telefonieren → telefoniert

Er hat am Strand gespielt.

Was hast du in den Ferien gemacht?

unregelmäßiige Verben mit haben

➤ Viele häufig gebrauchte Verben haben unregelmäßige Perfektpartizipien, die man auswendig lernen muss. Wichtige Verben sind:

essen – gegessen
geben – gegeben
lesen – gelesen
nehmen – genommen
schlafen – geschlafen
schreiben – geschrieben
sehen – gesehen
sitzen – gesessen
sprechen – gesprochen
stehen – gestanden
tragen – getragen
treffen – getroffen
trinken – getrunken
verstehen – verstanden
waschen – gewaschen

Sie hat viele Postkarten geschrieben.

Wir haben in Holland kein Wort verstanden!

Verben mit sein

➤ Einige Verben bilden das Perfekt mit **sein**, nicht mit **haben**. Die meisten dieser Verben beschreiben Bewegung und fast alle haben unregelmäßige Perfektpartizipien:

gehen – gegangen
fliegen – geflogen
fahren – gefahren
schwimmen – geschwommen
kommen – gekommen
wandern – gewandert

➤ Diese drei Verben bilden das Perfekt ebenfalls mit **sein**, beschreiben aber keine Bewegung:

bleiben – geblieben
sein – gewesen
werden – geworden

Wir sind im Sommer nach Norwegen gefahren.

Bist du geflogen?

➤ Das Perfekt beschreibt die Vergangenheit und sagt, was passiert ist.

➤ Es besteht aus zwei Verben, meist dem Präsens von **haben** und einem Partizip Perfekt oder manchmal dem Präsens von **sein** und einem Partizip Perfekt.

➤ Das Perfektpartizip steht meist am Ende des Satzes.

➤ Wenn der Satz verneint ist, steht **nicht** vor dem Partizip.

---

trennbare Verben

Beim Perfektpartizip trennbarer Verben steht das **ge** zwischen Präfix und Wurzel. Diese Verben können regelmäßig oder unregelmäßig sein und bilden das Perfekt mit **sein** oder **haben**. Dem Muster des Stammverbs folgen → Beispiel: **fahren** ist das Stammverb von **abfahren**.

Mein Vater hat uns am Flughafen abgeholt.

Wir sind um 6 Uhr morgens abgefahren.

reflexive Verben

Alle reflexiven Verben bilden das Perfekt mit **haben**. Das Reflexivpronomen steht nach der jeweiligen Form von **haben**.

Ich habe mich den ganzen Tag gesonnt.

Modalverben

➤ Modalverben bilden das Perfekt mit **haben**.

➤ Das Modalverb und das zweite Verb stehen im Infinitiv am Ende des Satzes, mit dem Modalverb ganz am Schluss.

Was hat sie machen müssen?

Name/
Gruppe:

1

➤ Die Hauptvarianten des Perfekts sind:

- regelmäßige Verben, die **haben** verwenden:
  Was hast du in den Ferien gemacht?
- unregelmäßige Verben, die **haben** verwenden:
  Ich habe viel geschlafen!
- meist unregelmäßige Verben, die **sein** verwenden:
  Ich bin nach Amerika geflogen.

➤ Siehe auch *Grammatik im Fokus* (AB 39).

▼ Vervollständige die Sätze mit Wörtern aus dem Kästchen.

geschlafen gefahren angekommen sind haben getrunken gemacht gesonnt sind sind geschrieben habe gegessen

Letzten Sommer (1) _________ ich einen sehr schönen Urlaub gemacht. Ich war zwei Wochen mit meiner Familie in Griechenland. Wir (2) _________ nach Athen geflogen, dann sind wir weiter mit dem Zug und der Fähre (3) _________. Schließlich sind wir auf unserer Insel (4) _________! Dort (5) _________ wir geblieben und haben eigentlich sehr wenig (6) _________. Ich habe mich jeden Tag (7) _________, aber nur bis elf Uhr, denn danach war es zu heiß. Den Nachmittag (8) _________ wir im Hotel verbracht. Dort habe ich gelesen, ein paar Ansichtskarten (9) _________ und natürlich ein bisschen (10) _________, weil ich müde war! Abends (11) _________ wir meistens ins nächste Dorf gegangen und haben in einer Taverna (12) _________.

2 Bilde die Perfektpartizipien der angegebenen Infinitive und vervollständige die Sätze.

Sag, was du gemacht hast!

ich

Ich _bin_ nach Rom _________.

Ich ______ nicht _________,

ich ______ jeden Tag im Restaurant _________.

essen kochen fahren

wir

Wir ______ nicht viel _________.

Wir ______ einige Bücher _________.

Abends ______ wir Karten _________.

lesen spielen machen

Frag andere, was sie gemacht haben!

du

Wie viel Zeit _hast_ du in Irland _________?

______ du viel spazieren _________?

______ du irischen Tee _________?

gehen trinken verbringen

ihr

______ ihr _________?

______ ihr Spanisch _________?

______ ihr die Leute _________?

sprechen einkaufen verstehen

Was andere gemacht haben!

er/sie

Er _hat_ Sandburgen _________.

Sie ______ vieles _________.

Mein Vater ______ im Wald _________.

Meine Schwester ______ lieber Tennis _________.

wandern sehen spielen bauen

sie

Lars und Peter ______ im See _________.

Onkel Heinrich und Tante Monika ______ auch _________.

Sie ______ ein Boot _________.

mitfahren mieten schwimmen

➡ Du bist dran!

Schreib deinem/r Brieffreund/in einen Brief über deine Ferien. Erkläre, dass deine Eltern und du verschiedene Dinge unternommen haben. Stell deinem/r Brieffreund/in Fragen über seinen/ihren Sommer.

Name/
Gruppe:

Memo: Es gibt viele verschiedene Varianten im Perfekt: regelmäßige und unregelmäßige Verben, Verben, die das Perfekt mit **haben** oder **sein** bilden, trennbare Verben und reflexive Verben. Siehe *Grammatik im Fokus* (AB 39).

1 Unterstreiche, um welche Verbart es sich in den Sätzen handelt und wie die Verben das Perfekt bilden. Wir haben ein Beispiel vorgegeben.

In den Ferien bin ich jeden Tag spät aufgestanden (1) und habe langsam gefrühstückt (2). Ich bin oft einfach zu Hause geblieben (3) und habe Musik gehört (4), ein bisschen Kursarbeit fertig gemacht (5) und telefoniert (6). Manchmal bin ich mit Freunden ausgegangen (7) oder jemand hat mich besucht (8).

1 regelmäßig/unregelmäßig/haben/sein/trennbar/reflexiv
2 regelmäßig/unregelmäßig/haben/sein/trennbar/reflexiv
3 regelmäßig/unregelmäßig/haben/sein/trennbar/reflexiv
4 regelmäßig/unregelmäßig/haben/sein/trennbar/reflexiv
5 regelmäßig/unregelmäßig/haben/sein/trennbar/reflexiv
6 regelmäßig/unregelmäßig/haben/sein/trennbar/reflexiv
7 regelmäßig/unregelmäßig/haben/sein/trennbar/reflexiv
8 regelmäßig/unregelmäßig/haben/sein/trennbar/reflexiv

2 Vervollständige die Sätze mit der richtigen Perfektform der Verben. Übersetze dann die Sätze in deine Sprache.

1 Steffi und ich *sind* am ersten Tag der Ferien in Schottland *angekommen*. (ankommen)
____

2 Mein Großvater ________ uns am Flughafen ______________. (abholen)
____

3 Jeden Tag ________ wir in der Gegend ______________. (herumfahren)
____

4 Abends ________ wir meistens mit der Familie ______________. (fernsehen)
____

5 Da wir bei Verwandten waren, ________ wir nicht viel Geld ______________. (ausgeben)
____

3 Vervollständige die Sätze mit den richtigen Perfektformen der reflexiven Verben. Übersetze dann die Sätze in deine Sprache.

1 Im Urlaub war es sehr schön. Ich *habe* *mich* recht wohl *gefühlt*. (sich wohl fühlen)
____

2 Ich _____ _____ jeden Tag am Strand _________. (sich sonnen)
____

3 Ich _____ _____ überhaupt nicht _________. (sich langweilen)
____

4 Abends _____ ich _____ mit Freunden _________. (sich amüsieren)
____

5 Ich _____ _____ sogar mit meinen Eltern ziemlich gut _________! (sich verstehen)
____

Du bist dran!

Beschreib einen typischen Ferientag! Sag, was du gemacht hast und was nicht. Erkläre auch, wie du dich gefühlt hast und wie du mit anderen Leuten ausgekommen bist. Verwende dabei das Perfekt, regelmäßige und unregelmäßige Verben sowie trennbare und reflexive Verben mit **haben** und **sein**.

Name/
Gruppe:

Das besitzanzeigende Fürwort oder Possessivpronomen **mein** ist männlich und steht im Nominativ. Es verändert sich je nach Geschlecht und folgt dem Muster von **ein** und **kein**.

Wo ist mein Hut?

Verwende **mein** mit männlichen Wörtern wie **der Hut** *(m)*.

Wo ist meine Jacke?

Verwende **meine** bei weiblichen Wörtern wie **die Jacke** *(f)*.

Wo ist mein Portemonnaie?

Verwende **mein** bei sächlichen Wörtern wie **das Portemonnaie** *(n)*.

Wo sind meine Handschuhe?

Verwende **meine** bei allen Wörtern im Plural, egal, welches Geschlecht sie haben.

1 Wer hat was verloren? Setz die richtige Form von **mein** ein. *Memo*: *(m)* = männlich, *(f)* = weiblich, *(n)* = sächlich.

Wo ist _______ Regenschirm *(m)*?

Wo ist _______ Pass *(m)*?

Wo ist _______ Brille *(f)*?

Wo sind _______ Schlüssel *(pl)*?

2 Übersetze diese Ausdrücke in deine Sprache.

1 Ich habe … verloren. ____________________

2 Haben Sie … gefunden? ____________________

3 Ich suche … ____________________

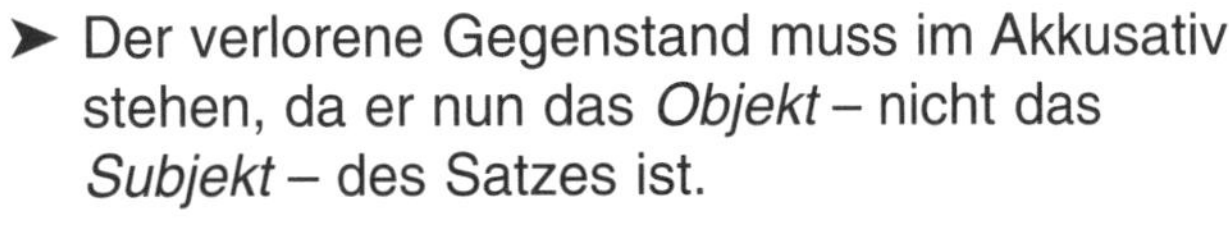

➤ Der verlorene Gegenstand muss im Akkusativ stehen, da er nun das *Objekt* – nicht das *Subjekt* – des Satzes ist.

➤ Nur männliche Nomen verändern sich im Akkusativ: **mein → meinen**

3 Übersetze die Sätze in deine Sprache.

1 Haben Sie meine Jacke gefunden?

____

2 Ich habe mein Portemonnaie verloren!

____

3 Ich suche meinen Pass.

____

4 Haben Sie meine Schlüssel gefunden?

____

Diese Wörter sind ebenfalls besitzanzeigend und haben dieselben Endungen wie **mein**.	**dein** **sein** **ihr**

4 Setze die richtigen Possessivpronomen ein.

1 Wo sind _______ Turnschuhe? (2. Pers. Singular)

2 Mein Vater hat _______ Regenschirm verloren. (3. Pers. Singular)

3 Oma findet _______ Brille nicht! (3. Pers. Singular)

➡ Du bist dran!

Du hast mehrere Dinge verloren und musst zum Fundbüro. Schreib auf, was du sagen wirst.

Name/
Gruppe:

➤ Die Possessivpronomen sind **mein, dein, sein/ihr/sein, unser, euer, ihr/Ihr**.

➤ Die Endungen dieser Pronomen ändern sich je nach Geschlecht und Fall des Nomens, auf das sie sich beziehen. (Fälle: siehe *Grammatik im Fokus*, AB 14.) Possessivpronomen folgen dem Muster von **ein** und **kein**.

	m	*f*	*n*	*pl*
Nom.	mein	meine	mein	meine
Akk.	meinen	meine	mein	meine
Dat.	meinem	meiner	meinem	meinen
Gen.	meines	meiner	meines	meiner

1 Ersetze die Personalpronomen mit den richtigen Possessivpronomen. Kleine Hilfe: Das Geschlecht der Wörter steht im Kästchen.

männlich:	Hut, Mantel, Pass, Regenschirm
weiblich:	Jacke, Handtasche, Brille
sächlich:	Portemonnaie
Plural:	Schlüssel, Pässe, Fahrkarten, Handschuhe

1 (ich) Jacke ____________

2 (er) Mantel ____________

3 (sie, pl) Schlüssel ____________

4 (sie, sg) Handtasche ____________

5 (wir) Pässe ____________

6 (du) Schirm ____________

7 (Sie) Fahrkarten ____________

8 (sie, sg) Brille ____________

9 (sie, pl) Handschuhe ____________

2 ***Im Fundbüro*** Setz die richtige Form der Possessivpronomen ein.

1 Mein Bruder hat ________ Pass irgendwo liegen lassen. (sein)

2 Wir suchen ________ Einkaufstüten. (unser)

3 Susi, hast du ________ Handschuhe schon gefunden? (dein)

4 Habt ihr schon wieder ________ Fahrkarten verloren? (euer)

5 Was haben Sie mit ________ Jacke gemacht? (mein)

6 Ich bin gekommen, um einen grauen Hut für ________ Vater zu holen. (mein)

3 Füll die Lücken mit den Possessivpronomen aus dem Kästchen. Achtung! Du brauchst einige Wörter mehrere Male.

mein meine unsere unseren unserer ihr ihre ihren

In (1) *u*________ Familie sind wir fast alle sehr ordentlich. (2) *M*________ Vater zum Beispiel verliert nie etwas und (3) *m*________ Mutter und ich sind auch sehr vorsichtig mit (4) ________ Sachen. Nur (5) ________ Schwester verliert alles und muss immer wieder zum Fundbüro gehen. Einmal hat sie (6) ________ Jacke und (7) ________ Hut verloren, das nächste Mal hat sie (8) ________ Portmonnaie nicht finden können. (9) *U*________ Eltern sagen immer, sie soll vorsichtiger mit (10) ________ Sachen sein, aber ich glaube, sie wird es nie lernen!

➡ Du bist dran!

Du und andere Mitglieder deiner Familie haben mehrere Gegenstände verloren. Du musst im Fundbüro danach fragen. Schreib auf, was du sagen wirst.

Name/
Gruppe:

➤ Wenn du über etwas sprichst, das bald eintreten wird, und wenn klar ist, dass diese Handlung in der Zukunft passieren wird, kannst du im Deutschen auch das Präsens verwenden:

Was machst du am Wochenende?
Ich spiele morgen Fußball.
Ich gehe nächste Woche ins Kino.

➤ Wenn du aber ganz deutlich ausdrücken möchtest, dass etwas in der Zukunft passieren wird, kannst du das Futur mit dem Verb **werden** und dem Infinitiv eines Verbs bilden, das die Handlung ausdrückt.

1 ***Was wirst du in der Zukunft machen?*** Übersetze diese Sätze in deine Sprache.

Ich werde für Bayern München spielen.

____

Ich werde einen Prinzen heiraten.

____

Ich werde Fotomodel sein.

____

So bildest du aus dem Präsens das Futur:

1 Stell das Verb ans Satzende:

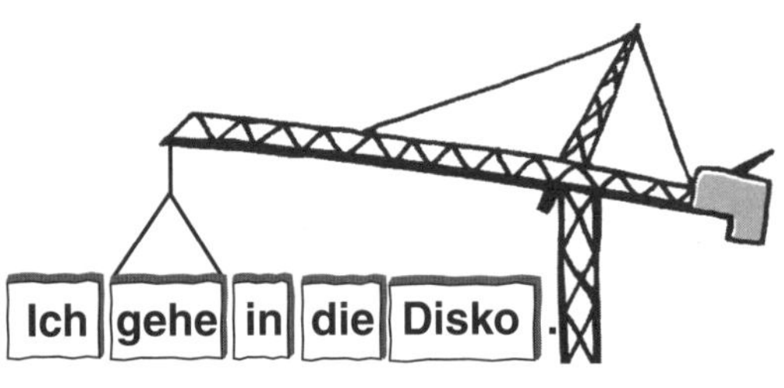

2 Schreib die Infinitivform des Verbs. Der Infinitiv endet auf **-en**.

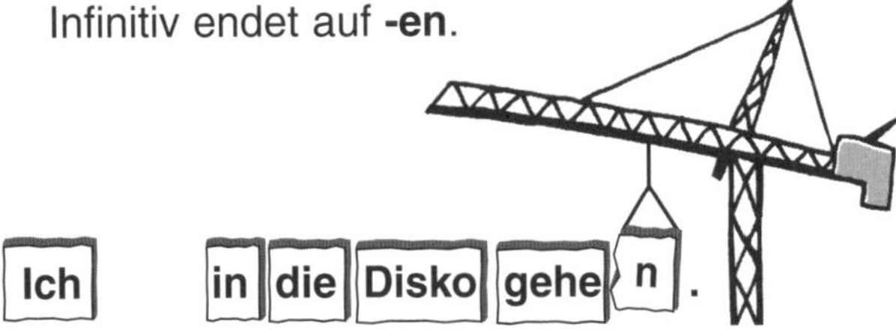

3 Setz **werden** in der richtigen Form in die Lücke:

ich werde	**wir/Sie/sie werden**
du wirst	**ihr werdet**
er/sie wird	

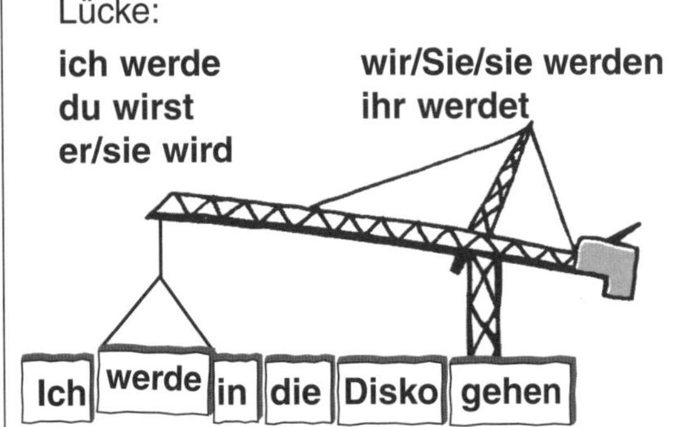

2 Schreib diese Sätze im Futur.

1 Ich spiele Fußball. Ich werde ______________

2 Ich gehe ins Kino. Ich ______________

3 Ich esse Pizza. Ich ______________

4 Ich höre CDs. Ich ______________

3 Was wirst du machen, wenn du Millionär bist? Schreib die Sätze im Futur. Du brauchst diese Formen von **werden**: ich **werde**, **du wirst** und **wir werden**.

1 Ich esse Pizza. Ich *werde* Kaviar *essen*.

2 Ich treffe meine Freunde.

Ich ______ viele Superstars ________.

3 Ich fahre in die Stadt.

Ich ______ nach New York ________.

4 Was machst du? Was ______ du ________?

➠ Du bist dran!

Schreib deinem/r Brieffreund/in, was ihr zusammen unternehmen werdet, wenn er/sie zu Besuch kommt. Verwende **ich werde** und **wir werden**: z. B. **Was werden wir machen? Werden wir in die Eisdiele gehen?**

Name/
Gruppe:

Futur

Was drückt das Futur aus?

Das Futur drückt aus, was in absehbarer oder ferner Zukunft geschehen wird.

Wie wird das Futur gebildet?

➤ Es wird mit einer Präsensform von **werden** (siehe Kästchen) und dem Infinitiv des Hauptverbs gebildet, das ans Satzende rückt.

Ich werde nächstes Jahr nach New York fliegen.

werden:	
ich werde	**wir/Sie/sie werden**
du wirst	**ihr werdet**
er/sie/es/man wird	

➤ Bei trennbaren Verben stehen die beiden Verbteile im Futur am Satzende.

Wirst du zur Eisdiele mitgehen?

➤ Bei verneinten Sätzen wird das Verb verneint, indem **nicht** vor es gestellt wird. Ein Nomen wird verneint, indem **kein** vor es gestellt wird.

Wirst du nicht mitkommen?

Wirst du kein Eis essen?

➤ Bei reflexiven Verben steht das Reflexivpronomen nach dem Subjekt und der Form von **werden**.

Ich werde mich sehr schnell waschen.

Was muss ich noch wissen?

Wenn aus dem Zusammenhang ersichtlich ist, dass du über die nähere Zukunft sprichst, kannst du auch das Präsens verwenden.

Was machst du am Wochenende? Sehen wir uns?

Konditional

Was drückt der Konditional aus?

Der Konditional drückt aus, was unter gewissen Bedingungen geschehen könnte:

Ich würde ins Konzert gehen (wenn ich es mir leisten könnte!).

Sie würden nicht gehen (selbst wenn die Karten nichts kosten würden!).

Wie wird der Konditional gebildet?

➤ Er wird mit **würde** (siehe Kästchen) und dem Infinitiv des Hauptverbs gebildet, das ans Satzende rückt.

Ich würde nach New York fliegen, wenn ich nur die Zeit hätte.

ich würde	**wir/Sie/sie würden**
du würdest	**ihr würdet**
er/sie/es/man würde	

➤ Häufig wird die Konstruktion Konditional + **gern/nicht gern/lieber** verwendet, um auszudrücken, was man gern/nicht gern tun würde.

Würden Sie gern mitkommen?

➤ Bei trennbaren Verben stehen die beiden Verbteile im Konditional am Satzende.

Würdest du gern mitgehen?

➤ Bei verneinten Sätzen wird das Verb verneint, indem **nicht** vor es gestellt wird. Ein Nomen wird verneint, indem **kein** vor es gestellt wird.

Ich würde das nicht machen!

Würdest du kein Eis essen?

Was muss ich noch wissen?

Lern diese beiden Alternativformen, die oft statt **sein** und **haben** verwendet werden:

würde sein = **wäre** (would be)
würde haben = **hätte** (would have)

Es wäre schön, nach New York zu fliegen.

Hättest du Lust ins Kino zu gehen?

Name/
Gruppe:

1 Was werden diese deutschen Schüler bei ihrem Schüleraustausch in England machen? Schau dir die Bilderhinweise an! Bilde Sätze und verwende dabei die Wörter und Ausdrücke aus den beiden Containern.

Infos zum Futur: siehe *Grammatik im Fokus* (AB 45).

im Wald picknicken kegeln
ein altes Schloss besichtigen
eine Bootsfahrt machen
einen Tag im Freizeitpark verbringen
zu einem Konzert gehen
nach London fahren
im See baden

1 Anna *wird nach London fahren.*

2 Marcus ______________________

3 Heike und Klaus ______________________

4 Christina und ich ______________________

5 Ich ______________________

6 Man ______________________

7 Du ______________________

8 Ihr ______________________

2 Die Mutter deines/r Brieffreunds/Brieffreundin plant einen Konzertbesuch im Schlossgarten. Erzähl dies deinen Eltern und verwende dabei das Futur.

Die Mutter deines/r Brieffreunds/ Brieffreundin sagt ...	*Nachricht*
1 Ich reserviere die Plätze.	Annas Mutter wird *die Plätze reservieren.*
2 Ich bezahle die Karten.	Sie wird ______
3 Ihr geht dann zu dritt hin.	Wir werden ______
4 Ihr nehmt ein Picknick mit.	Wir ______
5 Ich fahre euch zum Schlossgarten.	Sie ______
6 Ihr fahrt dann mit einem Taxi nach Hause.	Wir ______
7 Das Konzert endet gegen Mitternacht.	Das ______
8 Es gibt Musik und ein Feuerwerk.	Es ______

Du bist dran!

Schreib deinem/r Austauschpartner/in, was ihr unternehmen werdet, wenn er/sie zu Besuch kommt. Stell auch Fragen, was du in deinem Gastland machen wirst, wenn du deine/n Austauschpartner/in besuchst.

Name/
Gruppe:

1 Du überlegst mit einem/r Freund/in, was für einen tollen Abend ihr haben würdet, wenn ihr 1000 Euro gewinnen würdet! Ordne die Wörter und bilde Sätze. Übersetze dann die Sätze in deine Sprache.

Infos zum Konditional: siehe *Grammatik im Fokus* (AB 45).

1 du – würdest – hingehen – Wo?

_______________ _______________

2 mich – du – Würdest – mitnehmen?

_______________ _______________

3 essen – wir – Was – würden ?

_______________ _______________

4 wir – Was – trinken – würden ?

_______________ _______________

5 danach – machen – Was – wir – würden ?

_______________ _______________

6 du – würdest – Was – tragen ?

_______________ _______________

7 würden – Wie – wir – Hause – fahren – nach?

_______________ _______________

2 Schreib Antworten auf die Fragen in Übung 1. Verwende dabei die Ausdrücke aus dem Kasten oder erfinde eigene Sätze.

1 Ich würde zuerst _______________

____

2 Ja, sicher würde _______________

3 Wir _______________

4 Wir _______________

5 Wir _______________

____

6 Ich _______________

7 Wir _______________

____

in ein teures Restaurant

Kaviar, Lachs und Erdbeertorte

Sekt

bis drei Uhr morgens in einem Nachtklub tanzen

ein goldenes Kleid

einen silbernen Anzug

mit einer Limousine

Du bist dran!

Stell dir vor, wie es wäre, wenn du zur Party eines berühmten Filmstar eingeladen würdest. Beschreib, mit wem du auf die Party gehen und mit wem du reisen würdest, was du anziehen und was du tun würdest, wenn du auf der Party bist. Schreib auch, was der Filmstar und die anderen Gäste zu dir sagen würden.

Name/
Gruppe:

Adjektive 1

◆/◆◆ Stufe 1–2

1 Ein Eigenschaftswort oder Adjektiv, das nach dem Verb **sein** steht, wird in seiner Grundform gebraucht. Es hat keine zusätzliche Endung.

Der Hut ist schwarz.
Seine Schuhe sind groß.

▼ Lies die Sätze und unterstreiche die Adjektive.

1 Die Jacke ist blau.
2 Das Hemd ist weiß.
3 Die Ohrringe sind silbern.
4 Der Rock ist rot.
5 Die Jacke ist grün.

2 Wenn du ein Adjektiv zusammen mit **der/die/das** verwendest, bekommt das Adjektiv eine Endung.

▼ Setz die richtigen Adjektivendungen ein. Richte dich dabei nach den Beispielen.

Männliche Nomen

Nominativ: **-e** anhängen
→ **der große Hut**

1 Der schwarz____ Hut ist teuer.
2 Der rot____ Rock ist billig.

Akkusativ: **-en** anhängen
→ **den coolen Hut**

3 Ich mag den schwarz____ Hut gern.
4 Ich mag den rot____ Rock nicht.

Sächliche Nomen

Nominativ und Akkusativ: **-e** anhängen
→ **das weiße Hemd**

7 Das schick____ Hemd ist teuer.
8 Ich mag das gelb____ T-Shirt nicht.

Weibliche Nomen

Nominativ und Akkusativ: **-e** anhängen
→ **die kleine Jacke**

5 Die grün____ Jacke ist billig.
6 Aber ich mag die blau____ Jacke.

Pluralnomen

Nominativ und Akkusativ: **-en** anhängen
→ **die blauen Schuhe**

9 Die braun____ Schuhe sind billig.
10 Aber die schwarz____ Schuhe sind schön.

3 Streich die falschen Adjektive durch. Denk daran, dass ein Adjektiv nach dem Verb **sein** keine Endung hat.

Sag, was du magst

1 Ich mag den (rot/rote/roten) Hut nicht.
2 Das (weiß/weiße) T-Shirt ist schön!
3 Das blaue Kleid ist (toll/tolle)!

Frag, was eine andere Person mag

4 Magst du den (groß/große/großen) Hut?
5 Magst du das (golden/goldene) Kleid?
6 Wie findest du die (gelb/gelben) Socken?

Du bist dran!

Du schickst deinem/r Brieffreund/in ein Foto von dir in deinen neuen Klamotten. Beschreib, was für Sachen du gekauft hast, und frag deine/n Brieffreund/in nach seiner/ihrer Meinung.

Name/
Gruppe:

1 Ein mit **einen/eine/ein** gebrauchtes Adjektiv muss eine Endung haben.

▼ Setz die richtigen Adjektivendungen ein. Richte dich dabei nach den Beispielen.

Männliche Nomen, Akkusativ: **-en** anhängen
→ **einen süß<u>en</u> Teddy**

1 Ich möchte bitte einen süß_____ Teddy.
2 Und haben Sie auch einen gut_____ CD-Spieler?
3 Ich suche einen neu_____ Kugelschreiber.

Sächliche Nomen, Akkusativ: **-es** anhängen
→ **ein interessant<u>es</u> Buch**

7 Ich möchte bitte ein interessant_____ Buch.
8 Und haben Sie auch ein hübsch_____ Bild?
9 Ich suche ein schön_____ Geschenk für meine Mutter.

Weibliche Nomen, Akkusativ: **-e** anhängen
→ **eine schön<u>e</u> Pflanze**

4 Ich möchte bitte eine schön_____ Pflanze.
5 Und haben Sie auch eine silbern_____ Kette?
6 Ich suche eine klein_____ Lampe.

Pluralnomen, Akkusativ: **-e** anhängen
(Denk daran, dass der unbestimmte Artikel keine Pluralform hat.)
→ **warm<u>e</u> Handschuhe**

10 Ich möchte bitte warm_____ Handschuhe.
11 Und haben Sie auch neu_____ CDs?
12 Ich suche schön_____ Weingläser.

2 Vervollständige die Sätze. Verwende dabei die Beispiele aus dem Kasten links und die Adjektive aus dem Kästchen rechts. Richte dich nach den Beispielen in Übung 1.

1 Für meine Mutter kaufe ich *eine schöne Pflanze.*
2 Für meinen Vater kaufe ich ____________________
3 Für Oma kaufe ich ____________________
4 Für meine Freunde kaufe ich ____________________

<u>**einen**</u> **Fußball/Schal/Ring/Schlüsselring**

<u>**eine**</u> **Flasche Wein/Mütze/Lampe/Kette/Pflanze**

<u>**ein**</u> **Bild/Buch/Spielzeug**

– **Handschuhe/CDs/Bonbons**

rot gelb blau neu klein
schön hübsch cool interessant
süß toll warm schick

Du bist dran!

Schreib über einen Einkaufstripp, den du fürs Wochenende planst. Sag, was du suchst (**Ich suche ...**) und was du gern kaufen möchtest (**Ich möchte ... kaufen**). Schreib über die Geschenke, die du für andere kaufen möchtest (**Für ... kaufe ich ...**). Verwende möglichst viele Adjektive mit den richtigen Endungen!

Name/
Gruppe:

Grammatik im Fokus

1 *nach dem Verb* sein

Alleinstehende Adjektive nach **sein** haben keine Endung; sie werden in ihrer Grundform verwendet.

Die kleine Pflanze ist schön!
Der CD-Spieler ist aber teuer!
Die Badeanzüge sind schick!
Du bist gemein!

2 *nach dem bestimmten Artikel* (der/die/das)

	m	*f*	*n*	*pl*
Nom.	der -e	die -e	das -e	die -en
Akk.	den -en	die -e	das -e	die -en
Dat.	dem -en	der -en	dem -en	den -en
Gen.	des -en	der -en	des -en	der -en

Der kleine Teddy ist süß.
Können Sie mir bitte die silberne Kette zeigen?
Wie findest du das gelbe Kleid?
Die warmen Handschuhe sind leider ausverkauft.

Adjektivendungen

➤ Es gibt vier Möglichkeiten zu entscheiden, ob ein Adjektiv eine Endung hat oder nicht.

1 Adjektive, die nach dem Verb **sein** stehen, haben keine Endung.

Die anderen drei Möglichkeiten hängen davon ab, ob das Adjektiv bei anderen Wörtern steht:

2 Adjektive, die mit dem bestimmten Artikel **der**/**die**/**das** stehen, haben unterschiedliche Endungen.

3 Adjektive, die mit dem unbestimmten Artikel **ein**/**eine**/**ein** stehen, haben unterschiedliche Endungen.

4 Adjektive, die ohne Artikel stehen, haben unterschiedliche Endungen.

➤ *Memo*: Die Adjektivendungen verändern sich auch nach dem jeweiligen Fall.

TIPP!

Denk daran, dass **der**/**die**/**das** anzeigen, welches Geschlecht das Nomen hat: die Adjektivendungen sind daher nur **-e** oder **-en**. Bei **ein**/**eine**/**ein** oder bei fehlendem Artikel ist es nicht ganz ersichtlich, welches Geschlecht das Nomen hat.

4 *ohne Artikel*

	m	*f*	*n*	*pl*
Nom.	-er	-e	-es	-e
Akk.	-en	-e	-es	-e
Dat.	-em	-er	-em	-en
Gen.	-en	-er	-en	-er

Was kostet französischer Wein?
Belgische Schokolade ist die beste.
Warmes Mineralwasser schmeckt furchtbar.
Gute Schuhe sind immer teuer.
Kann ich mit englischem Geld zahlen?

3 *nach dem unbestimmten Artikel* (ein/eine/ein)

Diese Endungen sind dieselben wie bei **kein** und **mein**, **dein**, **sein** usw.

	m	*f*	*n*	*pl*
Nom.	ein -er	eine -e	ein -es	(keine) -en
Akk.	einen -en	eine -e	ein -es	(keine) -en
Dat.	einem -en	einer -en	einem -en	(keinen) -en
Gen.	eines -en	einer -en	eines -en	(keiner) -en

Das ist ein billiges Geschenk!
Ich möchte bitte einen großen Blumenstrauß.
Haben Sie keine größeren Handschuhe?
Ich suche ein Kleid mit einem kleinen Gürtel.

Name/
Gruppe:

Infos zum Gebrauch von Adjektiven: siehe *Grammatik im Fokus* (AB 50).

1 Frank kauft Geschenke für eine Geburtstagsparty. Lies den Text rechts. Finde dann drei Beispiele unterschiedlicher Adjektivarten und schreib die Sätze in die Tabelle unten. Unterstreiche die Adjektivendungen. Schreib auch Geschlecht und Fall in Klammern, wie im Beispiel angegeben.

In der Geschenkabteilung gibt es viele verschiedene Sachen! Ganz hinten sitzt ein riesiger Teddy und neben ihm eine Menge kleinerer Bären. Neben dem süßen Teddy sitzen andere bunte Stofftiere. Siehst du zum Beispiel den großen Elefanten und die zwei kleinen Affen? Suchst du ein lustiges Spielzeug für ein Baby? Oder eine schöne Kette für deine Oma oder eine Tante? Kein Problem – hier gibt es alles! Die Auswahl ist gut, die Preise sind nicht zu hoch und die Verkäufer sind sehr hilfsbereit.

der/die/das	ein/eine/ein	*ohne Artikel*	sein
dem süßen Teddy (m/Dat.)			

2 Frank kauft Essen und Getränke für die Party. Streich die falschen Adjektive durch. Brauchst du Hilfe? Siehe *Grammatik im Fokus* (AB 50).

Die (groß/große/großen) Pizzas sind schon im Kühlschrank und das (lecker/leckere/leckeren) Hähnchen auch. Wir können zum Nachtisch das (gemischt/gemischte/gemischtes) Eis servieren und auch die (süß/süße/süßen) Erdbeeren. Ich habe auch (verschieden/verschiedene/verschiedenen) Gemüse gekauft und werde damit einen (riesig/riesiger/riesigen) Salat zubereiten. Ich werde ein (neu/neue/neues) Rezept ausprobieren! Wir brauchen natürlich einen (groß/große/großen) Kuchen, ein paar Flaschen Wein und viele (alkoholfrei/alkoholfreie/alkoholfreien) Getränke. Das ist eine (lang/lange/langen) Liste!

3 Du kaufst Klamotten für die Party und hörst diese Aussagen in der Umkleidekabine. Setz die richtigen Adjektivendungen ein. Falls nötig, schlag das Geschlecht der Nomen in einem Wörterbuch nach.

1 Ich suche eine schick___ schwarz___ Hose.
2 Wie findest du den blau___ Rock?
3 Gefällt dir das silbern___ Kleid?
4 Die schwarz___ Schuhe sind aber toll!
5 Ich muss unbedingt ein neu___ lang___ Kleid haben!
6 Ach nein, ich hasse braun___Schuhe.
7 Ich werde das hässlich___ Hemd nie anziehen!
8 Ich mag das lang___ Kleid sehr gern.
9 Das gelb___ Polohemd ist nicht cool!
10 Golden___ Stiefel sind ein Muss!

Du bist dran!

Schreib einen Brief über Vorbereitungen für eine Party. Sag, welches Essen und welche Getränke du gekauft hast, und beschreib die Klamotten, die du und deine Freunde tragen werden. Verwende möglichst viele Adjektive!

Name/
Gruppe:

Unpersönliche Verben und Dativobjekt

◆◆◆ Stufe 3

1 Ausdrücke wie **es gefällt mir** kommen im Deutschen häufig vor. Das Verb steht in der 3. Person Singular (**gefällt**). **mir** ist Dativobjekt.

▼ Übersetze diese Ausdrücke in deine Sprache.

1 Gefällt es dir? ______________________

2 Tut es ihm weh? ______________________

3 Es ist mir zu kalt. ______________________

4 Das schmeckt mir nicht. ______________________

5 Es tut mir Leid. ______________________

6 Es passt mir gut. ______________________

7 Gehört es dir? ______________________

2 Einige dieser Verben können im Singular und im Plural stehen.

Das Kleid gefällt mir.

Die Schuhe gefallen mir.

▼ Streich die falschen Verbformen durch.

1 Die Jacke (gefällt/gefallen) mir gut.

2 Die Stiefel (gefällt/gefallen) ihm nicht.

3 Die Torten im Café (schmeckt/schmecken) mir nicht.

4 Wem (gehört/gehören) diese Bluse?

5 (Gehört/Gehören) dir die schwarzen Handschuhe?

3 Jedes Personalpronomen hat eine Dativform:

ich/mir
du/dir
er/ihm, sie/ihr, es/ihm
wir/uns
Sie/Ihnen, sie/ihnen
ihr/euch

▼ Schreib die Pronomen im Dativ in die Lücken.

1 Wie gefällt ______ das neue Kleid? (du)

2 Und wie gefällt es ______? (sie, *sg*)

3 Glaubst du, die Hose passt ______? (er)

4 Wird es ______ in dem Kleid nicht zu kalt sein? (du)

5 Gefallen ______ meine neuen Schuhe? (ihr)

6 Diese Schuhe sind zu eng. Sie tun ______ weh! (ich)

7 Die T-Shirts hier gefallen ______ einfach nicht. (wir)

4 Du gehst mit deinem/r Brieffreund/in einkaufen. Schreib Fragen und Aussagesätze und verwende dabei einige der Ausdrücke oben!

Frag ihn/sie,

- ob er/sie die blaue Hose mag.

____

- ob er/sie den Kaffee im Café mag.

____

Sag ihm/ihr,

- dass ihm/ihr die schwarze Hose nicht steht.

____

- dass du die Jacke nicht magst.

____

Du bist dran!

Du hast mit deinem/r Brieffreund/in einen Einkaufstripp gemacht. Schick ihm/ihr eine E-Mail und frag ihn/sie, ob ihm/ihr bestimmte Sachen gefallen und ob sie passen. Sag, ob du die Sachen magst, die du gekauft hast.

Name/
Gruppe:

Die Befehlsform oder der Imperativ wird verwendet, um jemandem Anordnungen zu geben.

Du *Imperativ (zu einem Verwandten oder Freund*	Sie *Imperativ (höflich)*
Trink! Iss!	**Trinken Sie! Essen Sie!**

1 Schreib einem/r Freund/in vier Tipps, wie man gesünder lebt. Wähl Wörter aus dem Kästchen. Denk daran, dass du den Imperativ für **du** verwenden musst!

Trink **Iss**	**mehr** **weniger**	**Mineralwasser Bier Salat** **Fastfood Obst Cola** **Schokolade Orangensaft**

Leb gesund! 5 Tipps

Iss mehr Salat.

____

____

____

____

➤ Der Imperativ für **du** wird so gebildet: vom Verb in der 2. Person Singular die Verbendung **-st** wegstreichen:
du trinkst → Trink!

➤ Wenn das Verb in der 2. Person Singular auf **-sst** (z. B. **isst**) oder auf **-zt** (z. B. **putzt**) endet, das **-t** wegstreichen. Auch bei **liest** fällt nur das **-t** weg.
du isst → Iss!
du liest → Lies!

➤ Diese zwei unregelmäßigen Formen musst du auswendig lernen: **Hab! Sei!**

2 Schreib Imperative mit den Verben in Klammern. Achtung! Bei **laufen** und **schlafen** fällt in der Befehlsform der Umlaut weg: **lauf**, **schlaf**.

Bleib fit! 5 Tipps

1 *Spiel* jede Woche Tennis oder Fußball. (spielen)

2 ________ jeden Morgen fünf Kilometer. (laufen)

3 ________ oft zum Fitnesszentrum. (gehen)

4 ________ nicht! (rauchen)

5 ________ acht Stunden pro Nacht! (schlafen)

3 Übersetze die Imperative in deine Sprache. Vervollständige dann die Sätze auf Deutsch.

Nimm ______________

Lies ______________

Sprich ______________

Sei ______________

Hab ______________

1 ________ Vitaminpillen.

2 ________ mit dem Arzt.

3 ________ Bücher über dein Problem.

4 ________ keine Angst.

5 ________ nicht so gestresst.

4 Hier sind vier Gesundheitstipps für deine/n überarbeitete/n, gestresste/n Lehrer/in! Ordne die Wörter und schreib Sätze wie im Beispiel.

1 weniger – Sie – Trinken – Kaffee

Trinken Sie ______________

2 so – Arbeiten – nicht – Sie – viel

____

3 zur – zu – Fuß – Gehen – Schule – Sie

____

4 Sie – mittags – Essen – Fastfood – kein

____

➡ Du bist dran!

Schreib einem/r Freund/in einige Gesundheitstipps. Sag ihm/ihr, was er/sie essen, trinken und machen muss, um fit zu bleiben, und was er/sie nicht machen soll. Denk daran, den Imperativ für **du** zu verwenden.

Name/
Gruppe:

1

Die Befehlsform oder der Imperativ wird verwendet, um jemandem Anordnungen zu geben.

➤ Der Imperativ für **du** wird so gebildet: vom Verb in der 2. Person Singular die Verbendung **-st** wegstreichen:
Trink mehr Wasser!

➤ Wenn das Verb in der 2. Person Singular auf **-sst** oder **-zt** endet und bei Verben wie **lesen** oder **reisen**, fällt das **-t** weg:
Iss mehr Salat! Lies deutsche Bücher!

➤ Bei Verben mit **ä** in der 2. Person Singular fällt der Umlaut weg:
Lauf!

➤ Reflexive Verben folgen diesem Muster:
Wasch dich und zieh dich schnell an.

➤ Die unregelmäßigen Imperative in der 2. Person Singular von **sein** und **haben** auswendig lernen!
Sei brav! Hab keine Angst.

▼ Du rätst einem/r Freund/in zu einem gesünderen Lebensstil. Vervollständige die Sätze mit Infinitiven aus dem Kästchen und setze diese in den Imperativ.

1 ________ kein Fastfood mehr.
2 ________ nicht so viel Cola.
3 ________ nicht mit dem Auto, ________ zu Fuß.
4 ________ ein paar Kilometer vor dem Frühstück.
5 ________ einfach mehr Sport.
6 ________ nicht so gestresst!

trinken treiben laufen
gehen essen fahren sein

2

➤ Der Imperativ für **Sie** wird aus der **Sie**-Form des Präsens mit umgestelltem Verb und Subjekt gebildet:
Essen Sie gesund und trinken Sie viel Wasser.

➤ Reflexive Verben folgen diesem Muster:
Waschen Sie sich und ziehen Sie sich schnell an.

➤ **sein** ist unregelmäßig:
Seien Sie froh!

▼ Vervollständige die Ratschläge des Arztes gegen Stress! Wähl Verben aus dem Kästchen und schreib sie im Imperativ für **Sie** in die Lücken.

1 __________ frisches Obst und Gemüse.
2 __________ gut acht Stunden pro Nacht.
3 __________ jeden Tag nach der Arbeit.
4 __________ Ihre Probleme mit anderen.

besprechen essen
sich entspannen schlafen

3

➤ Der Imperativ für die 2. Person Plural besteht aus der **ihr**-Form des Verbs ohne das Personalpronomen **ihr**:
Schlaft.
Esst.
Trinkt.

➤ Reflexive Verben folgen diesem Muster:
Wascht euch und zieht euch schnell an.

➤ **sein** ist unregelmäßig:
Seid brav!

▼ Tanja macht sich Sorgen über die Gesundheit ihrer Kinder. Schreib Sätze, was Tanja zu ihren Kindern sagt.

1 Die Kinder sitzen stundenlang vor dem Computer. Tanya sagt:
Sitzt doch nicht so lange vor dem Computer.

2 Die Kinder essen kein Obst oder Gemüse.
____

3 Sie gehen fast nie an die frische Luft.
____
____

4 Sie trinken viel zu viel Cola.
____
____

➠ Du bist dran!
Schreib zehn Tipps für einen gesünderen Lebensstil für die Schüler und Schülerinnen in deiner Partnerschule. Verwende dabei den **du-** und **ihr**-Imperativ.

Name/
Gruppe:

➤ Die 1. Steigerungsform oder der Komparativ vergleicht zwei Dinge. Der Komparativ wird so gebildet: Häng **-er** an die Grundform des Adjektivs. Im Fall von **fit** wird das **t** verdoppelt.

laut + **-er** → **lauter** **fit** (+ **-t**) + **-er** → **fitter**

➤ Wenn das Wort ein **a**, **o** oder **u** in der Mitte hat, werden diese Vokale zu Umlauten:

stark + ¨ + **-er** → **stärker**

➤ Die 1. Steigerungsform von **gut** ist **besser**.

➤ Die verneinte Steigerungsform heißt **nicht so gut wie**.

Daniel ist fit.
Daniela ist fitter.

Klara ist stark.
Marcus ist stärker.

1 Paul mag Fastfood, aber sein Freund findet, Salat ist besser für ihn. Lies ihre Unterhaltung und streich die falschen Steigerungsformen durch.

1 Salat oder Fastfood: Was ist (~~nicht so gut~~/besser)?
2 Salat ist (gesund/gesünder) als Pommes.
3 Ja, aber Pommes sind (leckerer/nicht so lecker)!
4 Fastfood ist (schneller/nicht so schnell).
5 Ja, aber Fastfood ist (gesünder/nicht so gesund).
6 Salat ist (nicht so gut/besser) für dich.
7 Und Pommes schmecken (nicht so gut/besser)!

2 Schreib die richtigen Antworten in die Lücken.

gesünder als
nicht so gesund wie

1 Anna ist gesund, aber nicht so gesund wie Steffi. Steffi ist nicht so gesund wie Klaus.

gesund: *Anna* ***gesünder:*** *Steffi* ***am gesündesten:*** ____________

2 Lara ist nicht so fit wie Wilhelm. Aber Lara ist fitter als Kirsten.

fit: ____________ ***fitter:*** ____________ ***am fittesten:*** ____________

3 Reinhardt ist schneller als Karin. Karin ist schneller als Lutz.

schnell: ____________ ***schneller:*** ____________ ***am schnellsten:*** ____________

Du bist dran!

Vergleiche dich und deine Freunde/Freundinnen. Schreib, wer gesünder (oder schneller oder fitter) ist, und verwende dabei **Ich bin gesünder als …** Schreib auch, wer nicht so schnell (oder gesund oder fit) ist: **Ich bin nicht so schnell wie …** Sag, wer sich gesünder ernährt (**X isst gesünder als …: Er/Sie mag …**) oder nicht so gesund (**Y isst nicht so gesund: Er/Sie isst gern …**)

Name/
Gruppe:

Komparativ und Superlativ

◆◆◆ Stufe 3

- Die 1. Steigerungsstufe oder der Komparativ vergleicht zwei Dinge und drückt aus, was schöner, kleiner usw. ist.
- Der Komparativ wird im Deutschen meist so gebildet: **-er** wird an das Adjektiv oder Adverb angehängt.

  fett + -er → fetter **Fastfood ist <u>fetter als</u> Gemüse.**
- Bei vielen kurzen Adjektiven verändert sich der Vokal im Komparativ zu einem Umlaut: **kalt/kälter**, **warm/wärmer**, **alt/älter**, **jung/jünger**, **stark/stärker**, **gesund/gesünder**
- Der Komparativ von gut ist unregelmäßig: **besser**
- Merk dir die Konstruktion **… ist nicht so (fett) wie …**

1 Elke schreibt in ihr Tagebuch, dass sie gesünder leben möchte. Vervollständige die Sätze mit den Ausdrücken unten. Die Adjektive in der Grundform stehen im Kästchen.

Ich muss (1) ________ essen! Warum? Ich möchte (2) ________ sein.
Ich sollte mehr Salat essen – das ist (3) ________________ Fastfood und auch
(4) ________________. Eis und Puddings sind (5) ________________ Obst.
Wenn ich gesund esse, werde ich bald nicht nur (6) ________, sondern auch
(7) ________ sein. Hoffentlich wird meine Kleidung dann auch (8) ________
passen!

1 gesünder	2 schlanker	3 nicht so fett wie	4 nicht so teuer wie
5 süßer als	6 hübscher	7 kräftiger	8 besser

hübsch
süß
teuer
stark
gut
gesund
schlank
fett

- Die 2. Steigerungsstufe oder der Superlativ drückt aus, was am schön<u>sten</u>, klein<u>sten</u> oder be<u>sten</u> ist.
- Der Superlativ wird durch Anhängen von **-st** oder **-est** an das Adjektiv gebildet. Superlative haben die üblichen Adjektivendungen (AB 50).

  Wer ist der schnell<u>ste</u>? **Was ist das gesünd<u>este</u> Essen?**
- Die Adjektive, deren Vokal im Komparativ zum Umlaut wird, verändern den Vokal auch im Superlativ, z. B. **<u>stark/stärker/am stärksten</u>**.
- Der Superlativ eines Adverbs wird wie der eines Adjektivs gebildet, bekommt aber ein **am** vorgestellt.

  Wer hier isst <u>am</u> gesünd<u>esten</u>?
- **der/die/das beste** und **am besten** sind unregelmäßig.

2 Übersetze die Sätze in deine Sprache

1 Lottie läuft am schnellsten.

____

2 Sara ist die beste Schwimmerin.

____

3 Karin sieht am besten aus.

____

Du bist dran!

Schreib einen Tagebucheintrag und vergleiche dich mit anderen in deiner Klasse. Schreib, dass du deine Gesundheit verbessern möchtest und wie du das machen willst. Verwende dabei Komparative und Superlative.

Name/
Gruppe:

Wortstellung

◆/◆◆ Stufe 1–2

Das Verb ist meist die zweite Idee oder der zweite Baustein in einem Satz. Ein Baustein kann ein Wort sein oder eine Gruppe von Wörtern, die zusammenpassen.

	+		+		+	
erste Idee		***zweite Idee***		***dritte Idee***		***vierte Idee***
Ich		**arbeite**		**samstags**		**in einer Bäckerei.**

1 Zerlege den Satz in Bausteine und mach einen Kreis um jeden Baustein. Mach dann ein Sternchen (*) über das Verb in jedem Satz und zwei Sternchen bei trennbaren Verben.

1 (Ich) *(arbeite) (an einer Tankstelle).
2 Ich jobbe als Babysitter.
3 Ich wasche in einem Restaurant ab.
4 Ich helfe meinen Eltern.
5 Ich trage Zeitungen aus.
6 Ich arbeite in einem Supermarkt.

Das Verb ist immer noch die zweite Idee im Satz, auch wenn der Satz nicht mit dem Subjekt anfängt.

erste Idee	***zweite Idee***	***dritte Idee***	***vierte Idee***
Am Wochenende	**arbeite**	**ich *(Subjekt)***	**in einer Bäckerei.**

2 Finde zuerst das Verb in den Satzteilen in Klammern und unterstreiche es. Ordne dann die Satzteile und vervollständige die Sätze. Denk daran, dass das Verb immer die zweite Idee ist.

1 Jeden Freitag ______________________ (einer – an – ich – arbeite – Tankstelle)
2 Manchmal ______________________ (Eltern – helfe – meinen – ich)
3 Jeden Morgen ______________________ (aus – trage – ich – Zeitungen)
4 Zweimal in der Woche ______________________ (einem – ich – in – arbeite – Supermarkt)

Wenn ein Satz mehrere Ideen oder Bausteine enthält, stehen diese immer in der Reihenfolge Zeit–Art und Weise–Ort. ‚Art und Weise' drückt aus, wie etwas gemacht wird: es kann ein Adverb (z. B. langsam, freundlich) sein.

	Zeit	*Art und Weise*	*Ort*
Ich arbeite	**am Wochenende** **jeden Samstag** **von 8 bis 12 Uhr**	**mit einem Freund** **fleißig** **freiwillig** **als Verkäufer**	**an einer Tankstelle** **in einem Supermarkt** **im Dorf** **zu Hause**

3 Bilde zwei Sätze mit Bausteinen aus der Tabelle oben. Beispiel: **Ich arbeite jeden Samstag fleißig in einem Supermarkt.**

____

____

____

____

Du bist dran!

Beschreib deinen Wochenendjob (**jeden Samstag, am Wochenende**) und Dinge, die du gelegentlich machst (**manchmal, im Sommer**). Vergiss nicht, dass das Verb die zweite Idee in jedem Satz ist! Schreib z. B.: **Ich arbeite manchmal …** oder **Manchmal arbeite ich …**

Name/
Gruppe:

Grammatik im Fokus

Verb = zweite Idee

- Wortstellung im Deutschen: Das Verb ist die zweite Idee im Satz nach dem Subjekt.
  Subjekt → Verb → Objekt

  Ich arbeite samstags in einer Buchhandlung.

- Das trifft auch auf trennbare Verben zu, obwohl das trennbare Präfix ans Ende des Satzes rückt.

  Ich fange um 9 Uhr an.

- Bei reflexiven Verben steht das Reflexivpronomen nach dem Subjekt und dem Verb.

  Ich langweile mich ein bisschen!

Inversion

- Wenn der Satz nicht mit dem Subjekt beginnt, steht das Verb trotzdem an zweiter Stelle, gefolgt vom Subjekt.

  Samstags arbeite ich in einer Buchhandlung.

- Das gilt auch für trennbare Verben.

  Um 9 Uhr fange ich an.

- Bei reflexiven Verben steht das Reflexivpronomen nach dem Verb und dem Subjekt.

  Manchmal langweile ich mich ein bisschen.

Wortstellung im Hauptsatz

➤ In Hauptsätzen ist das Verb normalerweise die zweite Idee.

➤ Die Wortstellung in Nebensätzen ist anders: siehe *Grammatik im Fokus*, Relativsätze (AB 61), und *Grammatik im Fokus*, Konjunktionen (AB 64).

Zeit–Art und Weise–Ort

- Wenn ein Satz mehrere Elemente enthält, stehen diese in der Reihenfolge Zeit–Art und Weise–Ort.

  Ich arbeite am Wochenende (*Zeit*) an der Kasse (*Art und Weise*) im Supermarkt (*Ort*).

  Ich habe in den Sommerferien (*Zeit*) sehr fleißig (*Art und Weise*) in einer Buchhandlung (*Ort*) gearbeitet.

- Bei Inversion kann ein beliebiges Element am Satzanfang stehen – um eine besondere Betonung auszudrücken –, aber für den Rest des Satzes trifft die Regel Zeit–Art und Weise–Ort zu.

  Für sechs Euro die Stunde arbeite ich samstags fleißig in einer Buchhandlung.

Sätze mit zwei Verben

- Beispiele dafür sind Sätze mit Modalverben, Verben mit **zu** + Infinitiv und Sätze im Plusquamperfekt, Futur und Konditional.
- Das erste Verb steht an seiner gewohnten Stelle, das zweite Verb rückt ans Satzende.

  Ich versuche fleißig zu arbeiten.

  Ich habe letzten Samstag sieben Stunden gearbeitet.

  Würdest du lieber länger arbeiten?

- Diese Regel gilt auch für trennbare und reflexive Verben.

  Wann musst du anfangen?

  Hast du dich ein bisschen gelangweilt?

Name/
Gruppe:

Wortstellung

◆◆◆ Stufe 3

1 Schreib die Sätze um. Fang dabei mit dem unterstrichenen Teil an und denk daran, Verb und Subjekt umzustellen.

Infos zur Wortstellung: siehe *Grammatik im Fokus* (AB 58).

1 Ich jobbe jeden Abend <u>für die Nachbarn</u> als Babysitter.

____

2 Ich arbeite <u>jeden Freitagabend</u> an einer Tankstelle.

____

3 Stefan trägt <u>sehr früh jeden Morgen</u> Zeitungen aus.

____

4 Ich mache <u>zu Hause</u> kleine Jobs für meine Eltern.

____

2 Bilde Sätze mit den Satzteilen in Klammern. Achte auf die Regel Zeit–Art und Weise–Ort!

1 Ich arbeite ______________________________
(als Verkäuferin/jeden Samstag/in einer Buchhandlung)

2 Ich wasche ______________________________ ab.
(für 6 Euro die Stunde/dreimal in der Woche/in einem Café)

3 Ich habe ______________________________ gearbeitet.
(in einem Supermarkt/an der Kasse/während der Sommerferien)

3 Schreib die Sätze um wie im Beispiel. Verwende im Perfekt das Partizip Perfekt (nicht den Infinitiv!).

1 Ich arbeite von 8.00 bis 12.00 Uhr. → Ich muss *von 8.00 bis 12.00 Uhr arbeiten.*

2 Ich passe auf die Kinder des Nachbarn auf. → Ich muss ______________________________

3 Ich verdiene etwa 45 Euro pro Wochenende. → Ich habe letztes Wochenende ______________________________

4 In den Sommerferien verdiene ich viel Geld. → In den Sommerferien werde ich ______________________________

4 Schreib die Sätze um und füg dabei den Satzteil in Klammern hinzu. Verwende auch Inversion und achte auf die Regel Zeit–Art und Weise–Ort.

1 Ich habe in einem Laden gearbeitet. (+ als Verkäufer + letzten Sommer)

____

2 Ich habe nur 6 Euro pro Stunde verdient. (+ leider + zuerst)

____

3 Ich möchte arbeiten. (+ in der Stadt + samstags)

____

4 Ich muss mir einen Teilzeitjob suchen. (+ dringend + nächste Woche)

____

Du bist dran!

Beschreib deinen Wochenend- oder Ferienjob. Verwende dabei möglichst viele unterschiedliche Konstruktionen und verändere auch die Wortstellung. Füg dann einen kurzen Abschnitt über Jobs hinzu, die du in der Vergangenheit gemacht hast und in der Zukunft machen möchtest – oder beides! Erfinde etwas, wenn nötig.

Name/
Gruppe:

Kurze Sätze kann man durch Relativsätze miteinander verbinden.

Karl ist Bauarbeiter. + **Karl ist stark.**

= **Karl** , **der** **stark** **ist** , **ist** **Bauarbeiter** .

1 Schau dir die drei Sätze oben an. Welches Wort erscheint in den beiden kurzen Sätzen zweimal, aber nur einmal im kombinierten Satz? ___________

Durch welches Wort ist es im kombinierten Satz ersetzt worden? ___________

Wie heißt das Wort in deiner Sprache? ___________

- ➤ Relativpronomen für männliche Nomen → **der**
- ➤ Relativpronomen für weibliche Nomen → **die**
- ➤ Relativpronomen für sächliche Nomen → **das**
- ➤ Relativpronomen für Pluralnomen → **die**

2 Jugendliche sprechen über ihre Freunde und Tiere. Setz die fehlenden Relativpronomen ein.

1 Lara, *die* freundlich ist, sitzt neben mir in Deutsch.

2 Stefan, ____ fünfzehn ist, ist ein toller Freund.

3 Mein Pferd, ____ zwei Jahre alt ist, heißt Lucky.

4 Meine Freundinnen, ____ neben mir wohnen, heißen Fatima und Susi.

3 So wird aus zwei Hauptsätzen ein Hauptsatz mit Nebensatz:

Karl ist Bauarbeiter. + **Karl ist stark.**

1 Schreib das Subjekt des ersten Satzes:
Karl

2 Setz ein Komma hinter das Subjekt und schreib das Relativpronomen:
Karl, der

3 Füg den zweiten Satz ohne das Subjekt dazu und setz das Verb ans Satzende:
Karl, der stark ist

4 Setz ein Komma hinter das Verb und schreib den Rest des ersten Satzes:
Karl, der stark ist, ist Bauarbeiter.

▼ Folg diesen Schritten und verbinde die beiden Sätze über Samuel.

Samuel ist fünfzehn. + **Samuel ist nett.**

1 ___________________________

2 ___________________________

3 ___________________________

4 ___________________________

4 Verbinde diese Sätze.

1 Ralf ist sportlich. + Ralf ist fit.

____

2 Ella ist intelligent. + Ella ist eine gute Freundin.

____

3 Olaf und Peter sind fünfzehn. + Olaf und Peter sind Zwillinge.

____

Du bist dran!

Du schickst deinem/r Brieffreund/in ein Foto von Freunden. Schreib einen Satz über jede Person und verwende dabei Nebensätze.

Name/
Gruppe:

Relativsätze

➤ Mit Relativsätzen kannst du zwei Sätze verbinden. Diese Sätze werden mit Relativpronomen wie **der** und **welcher** verbunden.

Ella ist klein und hübsch. + Ella ist eine gute Freundin.
= Ella, die klein und hübsch ist, ist eine gute Freundin.

➤ Relativpronomen im Nominativ → **der/die/das** (Singular) und **die** (Plural)

➤ Relativsätze gehören zu den Nebensätzen. In Nebensätzen steht das Verb am Ende (siehe Konjunktionen, *Grammatik im Fokus*, AB 64).

➤ Relativsätze können auch am Ende eines Satzes stehen:

Das ist meine Freundin Ella, die klein und hübsch ist.

Meine Freundin, die Ella heißt, ist klein und hübsch.

Relativpronomen

➤ Das Relativpronomen ist männlich, weiblich oder sächlich und steht im Singular oder Plural, je nachdem, auf wen oder was es sich bezieht.

➤ Der Fall, in dem ein Relativpronomen steht, hängt von seiner Rolle im Relativsatz ab. Mögliche Fälle: Nominativ, Akkusativ, Dativ oder Genitiv.

➤ Relativpronomen:

	m	*f*	*n*	*pl*
Nom.	**der**	**die**	**das**	**die**
Akk.	**den**	**die**	**das**	**die**
Dat.	**dem**	**der**	**dem**	**denen**
Gen.	**dessen**	**deren**	**dessen**	**deren**

Nominativ

Der Nominativ wird verwendet, wenn die Person/das Ding, auf die/das sich das Relativpronomen bezieht, das Subjekt des Satzes ist:

Meine Eltern, die viel arbeiten, verbringen nicht viel Zeit mit mir.

Der Jugendklub, der bei uns im Dorf ist, ist ein Treffpunkt für alle.

Akkusativ

- Der Akkusativ wird verwendet, wenn a) die Person/das Ding, auf die/das sich das Relativpronomen bezieht, das direkte Objekt des Relativsatzes ist:

Karl, den ich jeden Tag sehe, ist eigentlich nicht sehr freundlich.

- ODER wenn b) eine Präposition im Akkusativ vor dem Relativpronomen steht:

Karl, für den ich viel Mitleid habe, ist nicht sehr glücklich.

Dativ

- Der Dativ wird verwendet, wenn a) die Person/das Ding, auf die/das sich das Relativpronomen bezieht, das indirekte Objekt des Relativsatzes ist:

Mein Brieffreund, dem ich jetzt gerade schreibe, wohnt in Österreich.

- ODER wenn b) eine Präposition im Dativ vor dem Relativpronomen steht:

Uschi, mit der ich immer zur Schule gehe, ist sehr nett.

Genitiv

Der Genitiv wird verwendet, wenn sich das Relativpronomen auf den Besitzer von etwas bezieht:

Mein Vater, dessen Beruf sehr stressig ist, kann manchmal schlechter Laune sein.

Diese Klasse, deren Klassenlehrer freundlicher als unser Lehrer ist, ist glücklicher als wir.

Name/
Gruppe:

1 Ordne die Wörter in Klammern und vervollständige die Relativsätze.

Infos zu Relativsätzen: siehe *Grammatik im Fokus* (AB 61).

1 Ich verstehe mich gut mit meiner Mutter, die *viel mit mir spricht.* (viel – mir – spricht – mit)

2 Ich verstehe mich nicht so gut mit meinem Vater, der ______ (für – Zeit – nicht – mich – hat – viel)

3 Ich mag meine Tante Julia nicht besonders, die ______ (besucht – uns – oft – sehr)

4 Ich verbringe gern Zeit mit meinem Großvater, der ______ (Altenheim – in – leider – wohnt – einem)

2 Streich die falschen Relativpronomen durch. Hinweise stehen in Klammern!

1 Kennst du Marcus, (der/den/dessen) in unserer Mannschaft spielt? (Nom.)

2 Das ist Willi, (der/den/dem/deren) ich fast jeden Tag nach der Schule sehe. (Akk.)

3 Kennst du Claudia, mit (die/der/deren) ich jedes Wochenende ausgehe? (Dat.)

4 Kennst du Lutz, von (der/den/dem/deren) ich so viele Briefe bekomme? (Dat.)

5 Das ist Klara, (die/der/deren) Mutter jetzt so krank ist. (Gen.)

6 Die Frau, (die/der/deren) Haare lang und blond sind, ist sehr schick. (Gen.)

3 Verbinde die Satzpaare mit einem Relativsatz, wie im Beispiel angegeben. Probleme mit der Wortstellung? Siehe AB 61!

1 Klaus ist ein guter Freund. + Klaus ist älter als ich.

Klaus, der älter als ich ist, ist ein guter Freund.

2 Gabi sitzt in der Schule neben mir. + Gabi mag ich nicht.

______

3 Dieter ist lustig. + Ich gehe mit Dieter gern ins Café.

______

4 Georg ist oft schlechter Laune. + Ich mag Georg nicht besonders.

______

5 Sonia ist immer sehr schick. + Sonias Mutter war Fotomodell.

______

Du bist dran!

Du schickst deinem/r Brieffreund/in ein Foto von dir und deiner Familie. Schreib, wer jeder auf dem Foto ist, und erzähl auch etwas über jede Person. Verwende dabei Relativpronomen in den verschiedenen Fällen.

Name/
Gruppe:

1

➤ Bindewörter oder Konjunktionen verbinden kurze Sätze miteinander, so dass längere Sätze entstehen.

➤ Drei einfache Konjunktionen:
und
aber
oder

▼ Füll die Lücken mit Wörtern aus dem Kästchen.

1 Ich recycle Glas _____ spare Energie.

2 Ich sollte recyceln, _____ ich mache das nicht!

3 Was ist besser für die Umwelt – duschen _____ baden?

4 Autos _____ LKWs sind schlecht für die Umwelt.

5 Ein Fahrrad _____ ein Skateboard ist viel besser!

und
und
aber
oder
oder

Wenn die Konjunktion **weil** verwendet wird, steht das Verb (im Beispiel: **verbraucht**) am Ende des Satzes.

Warum ist duschen besser für die Umwelt als baden?

Weil duschen weniger Wasser verbraucht.

2 Was ist gut für die Umwelt? Unterstreiche zuerst das Verb in den Sätzen in der ‚Warum?'-Spalte. Vervollständige dann die Hauptsätze in der ‚Was?'-Spalte mit den Infos aus der 2. Spalte. Denk daran, dass das Verb am Satzende steht.

	Was?	***Warum?***
1	Autos sind schlecht für die Umwelt, weil *sie viel Benzin verbrauchen.*	Sie verbrauchen viel Benzin.
2	Einkaufstüten sind schlecht für die Umwelt, weil ______________________	Sie sind aus Plastik.
3	In der Stadtmitte stinkt es, weil ______________________	Es gibt so viele Autos.
4	Die Straßen sind schmutzig, weil ______________________	Überall liegen Kartons und Papiere.

Die Konjunktion **wenn** ist ähnlich wie **weil**. Das Verb steht ebenfalls am Satzende.

3 ***Was tust du für die Umwelt?*** Ordne die Wörter in Klammern und vervollständige die Sätze. Vergiss nicht: das Verb steht am Satzende!

1 Ich fahre mit dem Rad zur Schule, wenn ______________________
(ist – gut – Wetter – das)

2 Ich schalte das Licht aus, wenn ______________________
(Zimmer – ich – ein – verlasse)

3 Ich benutze keine Plastiktüten, wenn ______________________
(einkaufen – ich – gehe)

4 Ich bringe Glas und Papier zur Sammelstelle, wenn ______________________
(die – ich – habe – Zeit)

➡ Du bist dran!

Schreib einige Sätze über Umweltprobleme, die dir am Herzen liegen, und erkläre, was du für den Umweltschutz tust. Du kannst auch erwähnen, was du tun solltest: **Ich sollte recyceln** …

Name/
Gruppe:

Grammatik im Fokus

Konjunktionen

- Konjunktionen sind Wörter, mit denen man kurze Sätze zu längeren verbinden kann.
- Einige Konjunktionen wirken sich auf die Wortstellung aus.

nebenordnende Konjunktionen

Bei diesen Konjunktionen verändert sich die Wortstellung *nicht*. Zu ihnen gehören:

und
aber
sondern
oder
denn

Ich sammle keine Glasflaschen, aber ich recycle Zeitungen und Dosen.

Ich recycle nur wenig, denn es nimmt viel Zeit in Anspruch.

unterordnende Konjunktionen

Einige Konjunktionen wirken sich auf die Wortstellung im Satz aus: das Verb muss am Ende des Nebensatzes stehen. Zu diesen Konjunktionen gehören:

weil
wenn
dass
ob
obwohl
damit
so dass
als

in der Satzmitte

Steht die Konjunktion in der Satzmitte, so rückt das Verb ans Satzende:

Ich weiß, dass er jede Woche zur Sammelstelle geht.

Sie fahren sehr wenig mit dem Auto, weil das schlecht für die Umwelt ist.

mit trennbarem Verb

Der Hauptteil des Verbs kommt ans Ende zum Präfix:

Es hilft der Umwelt, wenn ich mit meinem Nachbarn zur Arbeit mitfahre.

Meinst du, dass er das Licht immer ausschaltet?

am Satzanfang

Wenn die Konjunktion am Satzanfang steht, ergibt sich das Muster Verb–Komma–Verb in der Satzmitte. Nach dem Nebensatz steht ein Komma, nach dem Komma der Hauptsatz:

Wenn er tankt, kauft er immer bleifreies Benzin.

Ob sie wirklich umweltfreundlich ist, weiß ich nicht.

in komplexeren Sätzen

Wenn auf die Konjunktion ein Modalverb + Infinitiv oder eine Zeit mit mehr als einem Teil folgt, rückt das finite Verb (das Verb, das sich mit dem Subjekt verändert) ans Satzende:

Ich glaube, dass sie schon viel für die Umwelt getan hat.

Er tut schon etwas, obwohl er sicher viel mehr tun könnte.

Name/
Gruppe:

1 ***Recyceln*** Füll die Lücken mit Konjunktionen aus dem Kästchen.

Infos zu Konjunktionen: siehe *Grammatik im Fokus* (AB 64).

aber sondern oder denn

1 Ich sammle keine Dosen, ________ nur Glas und Papier.

2 Wir fahren nur selten zur Sammelstelle, ________ sie ist ziemlich weit.

3 Sammelst du Dosen ________ wirfst du sie weg?

4 Ich sollte mehr recyceln, ________ ich bin sehr faul.

2 ***Zu Hause*** Ordne die Wörter in Klammern und vervollständige die Sätze. Denk daran, dass das Verb am Satzende steht!

1 Ich schalte das Licht aus, ____________________
(ich – wenn – Zimmer – ein – verlasse)

2 Ich verbrauche nicht viel Wasser, ____________________
(dusche – wenn – ich)

3 Ich bade nicht, ____________________
(Wasser – verbraucht – viel – das – heißes – weil)

4 Ich benutze recyceltes Schreibpapier, ____________________
(ist – weil – es – umweltfreundlicher)

3 ***Auf der Straße*** Verbinde die Satzpaare mit der jeweils angegebenen Konjunktion.

1 Ich bin heute mit dem Rad gefahren, ____________________
(+ weil + Ich wollte Benzin sparen.)

2 Wir sollten nicht so oft mit dem Auto fahren, ____________________
(+ damit + Es gibt weniger Luftverschmutzung.)

3 Ich bin nicht sicher, ____________________
(+ ob + Es wird eines Tages weniger Autos geben.)

4 Ich fahre jetzt weniger Auto, ____________________
(+ weil + Ich fahre mit meinem Nachbarn zur Arbeit mit.)

4 ***Beim Einkaufen*** Bei diesen Sätzen stehen die Konjunktionen am Satzanfang. Schreib die Sätze richtig um.

1 Damit + Wir verbrauchen weniger Verpackungen. + Wir müssen Einkaufstüten mitnehmen.

____

2 Ob + Man kann dort umweltfreundliche Produkte kaufen. + Ich weiß nicht.

____

3 Obwohl + Einheimisches Obst und Gemüse ist manchmal teurer. + Ich kaufe es immer.

____

4 Wenn + Ich suche Geschenke. +
Ich gehe immer in den Dritte-Welt-Laden.

____

____

Du bist dran!

Schreib einige Sätze über deine Bemühungen, etwas für die Umwelt zu tun. Verwende dabei möglichst viele verschiedene Konjunktionen.

Name/
Gruppe:

➤ Manche Verben und Ausdrücke werden mit **zu** + Infinitiv eines zweiten Verbs gebraucht. Dazu gehören:

beginnen
beschließen
hoffen
versuchen
vor/haben

es macht Spaß … zu …
ich finde es schwer/interessant/unmöglich … zu …

➤ **zu** und der Infinitiv stehen am Ende des Satzes:
Ich hoffe als Kellnerin zu arbeiten.
Es macht Spaß, ein bisschen Freizeit zu haben.

1 Du machst einen Sprachkurs in Deutschland und erklärst der Klasse, wie du klar kommst. Vervollständige die Sätze mit den Ausdrücken aus dem Container.

1 Ich versuche mein Deutsch _zu verbessern._ ____________
2 Ich hoffe ein ganzes Jahr hier ____________________
3 Ich beginne jetzt sehr gut Deutsch ____________________
4 Ich habe vor, anschließend ____________________

auf die Uni zu gehen
zu verbessern
zu sprechen
zu bleiben

➤ Bei Infinitiven mit **um … zu** stehen **zu** und der Infinitiv am Satzende. Vor **um** kann ein Komma stehen, aber bei kurzen Infinitiven fällt es meist weg.
Ich arbeite um Geld zu verdienen.

2 Ordne die Wörter in Klammern und vervollständige die Sätze.

Ich möchte vor dem Studium ein Jahr aussetzen …

1 … _um_ Geld für die Uni _zu_ _verdienen_. (zu – verdienen – um)

2 … _____ als Au-pair _____ __________. (zu – um – arbeiten)

3 … _____ ein bisschen Freizeit _____ __________. (haben – zu – um)

4 _____ ein Jahr im Ausland _____ __________. (zu – um – verbringen)

➡ Du bist dran!

Schreib Sätze über deine Zukunftspläne. Verwende dabei folgende Ausdrücke:
Ich hoffe … zu …
Ich habe vor, …. zu …
Ich habe beschlossen … zu …
Ich möchte … um … zu …
Es macht Spaß … zu …

Name/
Gruppe:

➤ Bei Infinitiven mit **um ... zu** stehen **zu** und der Infinitiv am Satzende.

Ich möchte arbeiten, um Geld für mein Universitätsstudium zu verdienen.

➤ Das gilt auch für den Infinitiv mit **ohne ... zu**.

Du kannst nicht viel verdienen ohne fleißig zu arbeiten.

1 Horst macht sich Gedanken über die Zukunft. Ordne die Wörter in Klammern und schreib Sätze.

1 Ich muss fleißig in der Schule sein ______________________
(studieren – zu – der – um – an – Uni)

2 Ich möchte an der Uni studieren ______________________
(Stelle – zu – um – gute – bekommen – eine)

3 Ich möchte eine gute Stelle bekommen ______________________
(verdienen – zu – Geld – viel – um)

4 Ich möchte viel Geld verdienen ______________________
(Haus – Auto – zu – kaufen – und – um – ein – ein)

5 Ich kann nicht glücklich sein ______________________ (zu – ohne – arbeiten)

➤ Einige Verben und Ausdrücke werden nur mit **zu** und dem Infinitiv eines zweiten Verbs verwendet, die beide am Satzende stehen.

beginnen
beschließen
hoffen
versuchen
vor/haben

es macht Spaß ... zu ...
ich finde es schwer/interessant/unmöglich ... zu ...

Hoffst du Lehrer zu werden?

2 Bilde Sätze aus den beiden Satzpaaren.

1 Ich beginne jetzt/ich denke an meine Berufspläne.

Ich beginne jetzt an meine ______________ zu ______________

2 Ich hoffe/ich studiere Medizin.

Ich hoffe ______________________

3 Übersetze die Sätze in deine Sprache.

1 Ich habe vor, Naturwissenschaften zu studieren.

____

2 Ich hoffe im Ausland zu arbeiten.

____

3 Ich habe beschlossen, vor der Uni ein Jahr zu arbeiten.

____

➡ Du bist dran!

Schreib über deine Zukunftspläne und verwende dabei möglichst viele der Ausdrücke auf dieser Seite, z. B. **vorhaben**, **hoffen** und **ich habe beschlossen**, um zu sagen, was du tun möchtest. Verwende **um ... zu**, **ohne ... zu** und **ich finde es schwer/interessant ... zu**, um zu erklären, warum.

Name/
Gruppe:

1 Das Imperfekt oder Präteritum ist eine weniger häufig gebrauchte Zeit für Vergangenheit. Es wird besonders in der Schriftsprache benutzt, aber das Imperfekt von **haben**, **sein** und den Modalverben kommt auch in der mündlichen Sprache vor: **hatte/hatten** und **war/waren**.

▼ Dein/e Brieffreund/in muss einen Bericht über seinen/ihren Besuch in einer deutschen Schule schreiben. Unterstreiche die Verben im Imperfekt und übersetze dann die Sätze in deine Sprache.

1 Die Schule meiner Brieffreundin war sehr interessant.

____

2 Die Schüler hatten nur bis 13 Uhr Unterricht.

____

3 Aber von 8 Uhr bis 13 Uhr, das war ein langer Vormittag!

____

4 Und nachmittags hatte meine Brieffreundin viele Hausaufgaben.

____

2 Füll die Lücken mit **war** oder **waren** und **hatte** oder **hatten**.

1 Die Lehrer _waren_ sympathisch.

2 Die Disziplin ________ gut.

3 Die Schüler ________ nachmittags meistens frei.

4 Die Schule ________ keinen Tennisplatz.

5 Die Atmosphäre ________ freundlich.

3 Modalverben werden ebenfalls im Imperfekt gebraucht. Übersetze diese Modalverben in deine Sprache.

1 ich musste ____________________

2 ich konnte ____________________

3 ich durfte ____________________

4 ich wollte ____________________

4 Vervollständige die Sätze mit Wörtern aus dem Kästchen.

Meine Brieffreundin ________ auch am Samstag zur Schule. Aber sie ________ jeden Tag um 1 Uhr nach Hause gehen. Sie ________ manchmal in der Schule bleiben um Sport zu treiben. Aber meistens ________ sie müde und ________ nur nach Hause gehen.

konnte **wollte** **war** **musste** **durfte**

➡ Du bist dran!

Stell dir vor, du hast eine deutsche Schule besucht. Beschreib deinen Besuch und verwende dabei **war(en)** und **hatte(n)**. Schreib auch, was die Schüler und Schülerinnen machten: **er/sie musste/durfte/wollte**.

Name/
Gruppe:

Grammatik im Fokus

regelmäßige Verben

- Das Imperfekt regelmäßiger Verben wird durch Anhängen dieser Endungen an den Stamm des Verbs gebildet:

machen
ich machte
du machtest
er/sie machte
wir machten
Sie machten
sie machten
ihr machtet

In der deutschen Schule spielten sie Handball.

Was passierte nachmittags in der Schule?

- Wenn der Infinitiv auf -**ten** oder -**den** endet, kommt ein **e** vor die Imperfektendung:

Er arbeitete 20 Jahre an derselben Schule.

Imperfekt

- Das Imperfekt ist eine Vergangenheitsform, die meist in der Schriftsprache gebraucht wird.
- Das Imperfekt von **sein**, **haben** und den Modalverben wird auch oft in der mündlichen Sprache verwendet.
- Regelmäßige Verben folgen einem Muster beim Bilden des Imperfekts. Die Stämme der unregelmäßigen Verben (einschließlich **sein** und **haben**) und der Modalverben im Imperfekt musst du auswendig lernen.

sein *und* haben

Lern das Imperfekt von **sein** und **haben** auswendig!

sein	***haben***
ich war	**ich hatte**
du warst	**du hattest**
er/sie war	**er/sie hatte**
wir/Sie/sie waren	**wir/Sie/sie hatten**
ihr wart	**ihr hattet**

Wie waren die Lehrer in der deutschen Schule?

Hattet ihr die Gelegenheit mit dem Schuldirektor zu sprechen?

unregelmäßige Verben

- Bei unregelmäßigen Verben musst du dir den Stamm des Imperfekts merken und dann die Endungen anhängen. Beispiel: Der Stamm von **gehen** ist **ging**. Für **ich** und **er/sie/es** wird nur der Stamm verwendet; die übrigen Formen erhalten diese Endungen:

ich ging
du gingst
er/sie ging
wir gingen
Sie gingen
sie gingen
ihr gingt

- Die Stammformen unregelmäßiger Verben am besten mit Hilfe einer Verbtabelle lernen. Hier sind einige häufig vorkommende Stammformen im Imperfekt:

essen – aß	**schlafen – schlief**
fahren – fuhr	**schreiben – schrieb**
geben – gab	**sehen – sah**
kommen – kam	**sprechen – sprach**
lesen – las	**tragen – trug**
nehmen – nahm	**trinken – trank**

Aß dein Brieffreund in der Schule zu Mittag?

Lasen die deutschen Schüler englische Bücher?

Modalverben

- Einige Modalverben haben unregelmäßige Stämme im Imperfekt. Alle sechs Modalverben haben dieselben Endungen wie die regelmäßigen Verben:

ich musste
ich wollte
ich konnte
ich durfte
ich sollte
ich mochte

Musste deine Brieffreundin auch samstags zur Schule gehen?

Durftest du mitgehen?

- Achtung! Verwechsle **ich mochte** nicht mit **ich möchte** – **ich möchte** ist ein Konditional.

Name/
Gruppe:

1 Vervollständige die Sätze mit den Verben aus dem Kästchen.

Infos zum Imperfekt: siehe *Grammatik im Fokus* (AB 69).

machte	**aßen**	**begann**
wollten	**gingen**	**konnten**
war	**hatten**	**endete**

1 Die Schule __________ schon um halb acht morgens.

2 Aber sie __________ um ein Uhr.

3 Die meisten Schüler __________ zu Mittag nicht in der Schule.

4 Sie __________ lieber nach Hause.

5 Nachmittags __________ sie frei und __________ machen, was sie __________!

6 Meine Brieffreundin __________ am Nachmittag ihre Hausaufgaben und abends __________ sie dann meistens bei Freunden.

2 Vervollständige die Sätze mit den Imperfektformen der Verben in Klammern.

1 Die Disziplin in der deutschen Schule __________ gut. (sein)

2 Die Lehrer __________ aber auch freundlich zu sein. (scheinen)

3 Die Schüler __________ witzige Klamotten. (tragen)

4 Man __________ sogar in der Raucherecke rauchen! (dürfen)

5 Schüler, die schlechte Noten __________, __________ sitzen bleiben. (bekommen / müssen)

6 Mir __________ die ganze Atmosphäre. (gefallen)

3 ***Zwei Schulen: ein Vergleich*** Schreib Sätze im Imperfekt über den Besuch in einer deutschen Schule. Verwende dabei die Hinweise in Klammern.

1 Es gibt nie genug Sitzplätze in der Bibliothek. (immer)

Aber in Deutschland *gab es immer genug Sitzplätze.*

2 In der Pause kann man nicht viel zu essen kaufen. (viele verschiedene Sachen)

Aber in der deutschen Schule ______________________________

3 Viele Schüler essen zu Mittag in der Kantine. (zu Hause)

Aber in Deutschland ______________________________

4 Wir machen nie eine Klassenfahrt. (jede Klasse jedes Jahr)

Aber in unserer Partnerschule ______________________________

5 Bei uns geben die Lehrer viele Strafarbeiten. (nur wenige)

Aber in Deutschland ______________________________

6 Bei uns sieht man ziemlich oft Gewalt auf dem Schulhof. (ganz selten)

Aber in unserer Partnerschule ______________________________

Du bist dran!

Dein Deutschlehrer bittet dich, etwas über den Besuch in deiner Partnerschule zu schreiben. Verwende möglichst viele verschiedene Verben im Imperfekt, um zu erklären, was in der deutschen Schule anders und was ähnlich war. Schreib deinen Bericht in der 3. Person Plural, wenn du erklärst, was die Schüler und Schülerinnen gemacht haben und was nicht.

Name/
Gruppe:

seit bedeutet, wie lange man etwas gemacht hat.

Hallo. Ich bin Franz. Ich war Alkoholiker. Aber ich trinke seit einem Jahr keinen Alkohol mehr.

Beim Gebrauch von **seit** *musst du auf zwei Dinge achten …*

Seit

Das Präsens verwenden, auch wenn du erklärst, wie lange du etwas gemacht hast.

Bei Zeitausdrücken mit ***seit*** *steht der Dativ. Achtung! Die meisten Personalnomen im Dativ enden auf* ***-n****.*

Ich lerne seit vier Jahren Deutsch.

seit einer Woche/seit zwei Wochen
seit einem Monat/seit sechs Monaten
seit einem Jahr/seit drei Jahren

1 Mal die drei Bälle mit Verben im Präsens farbig an.

2 Der Sohn von Franz spricht über Vatis neuen gesunden Lebensstil. Vervollständige die Sätze mit den Verben im Präsens aus Übung 1. Übersetze dann die Sätze in deine Sprache.

1 Er __________ seit zwei Jahren keinen Alkohol mehr.

____

2 Und er __________ seit einem Jahr keine Zigaretten.

____

3 Er __________ auch seit zwei Monaten gesund.

____

3 Vervollständige die Sätze mit **seit** und dem Zeitraum. Die Bilder geben dir Hinweise!

1 Ich trinke ________ ________ ________ keinen Alkohol.

JULI
1234567
8910
15 16 17
22 23 24
29 30 31

2 Wir rauchen ________ ________ ________ nicht.

Du bist dran!

Schreib darüber, wie du und deine Eltern versucht haben, gesünder zu leben. Erkläre, was ihr wie lange gemacht habt: **Ich schwimme seit … jeden Tag** und **Ich esse seit … keine Schokolade** sowie **Mein Vater raucht seit … nicht mehr** und **Meine Mutter isst seit … gesund**.

Name/
Gruppe:

➤ **seit** wird mit einem Verb im Präsens gebildet. Es drückt aus, wie lange man etwas gemacht oder seit welchem Zeitpunkt man etwas gemacht hat.

Ich gehe seit einem Jahr zu einer Selbsthilfegruppe.

➤ Der Zeitausdruck steht im Dativ.

Ich mache das seit vier Tagen/einer Woche/ einem Monat/einem Jahr.

1 Franz war bei einem Meeting der Anonymen Alkoholiker und hat von seinem Leben erzählt. Vervollständige die Sätze mit Verben aus dem Kästchen und übersetze sie dann in deine Sprache.

sein haben trinken haben arbeiten

1 Er _______ seit Jahren viel zu viel Alkohol. ____________________

2 Er _______ seit zwei Jahren nicht mehr. ____________________

3 Er _______ seit sechs Monaten kein Zuhause mehr. ____________________

4 Er _______ seit einer Woche kein Geld mehr. ____________________

5 Er _______ seit Jahren vollkommen unglücklich. ____________________

2 Du hast mit deinen Eltern viel für einen gesünderen Lebensstil getan! Übersetze die Sätze in deine Sprache.

1 Ich esse seit sechs Monaten gesund. ____________________

2 Ich laufe seit einem Monat jede Morgen fünf Kilometer.

____

3 Ich gehe seit neun Monaten zu einer Selbsthilfegruppe.

____

4 Mein Vater raucht seit einem Jahr nicht mehr.

____

3 Franz erinnert sich, wie sein Leben war, bevor er zu den Anonymen Alkoholikern ging. Übersetze die Sätze in deine Sprache.

seit steht mit dem Imperfekt (siehe *Grammatik im Fokus*, AB 69), um auszudrücken, wie lange man etwas gemacht oder seit welchem Zeitpunkt man etwas gemacht hat.

1 Ich fühlte mich seit Jahren allein. ____________________

2 Ich hatte seit Jahren kein Selbstvertrauen. ____________________

3 Ich wollte schon seit Monaten mein Problem lösen.

____

4 Ich suchte seit Monaten Hilfe.

____

5 Ich hoffte seit Jahren wieder ‚normal' zu werden.

____

____

➡ Du bist dran!

Schreib darüber, wie du und deine Eltern versucht haben, gesünder zu leben. Verwende Ausdrücke von den drei Aufgaben auf dieser Seite.

Name/
Gruppe:

➤ Die Vorvergangenheit oder das Plusquamperfekt ist die Vergangenheitszeit nach dem Imperfekt und dem Perfekt. Sie drückt aus, was du *getan hattest*.

➤ Das Plusquamperfekt wird wie das Perfekt gebildet, aber die Hilfsverben **sein** und **haben** stehen im Imperfekt (siehe *Grammatik im Fokus*, AB 69).

Ich hatte jahrelang nicht gearbeitet.

Ich war oft zum Arbeitsamt gegangen ohne etwas zu finden.

1 Nach langer Arbeitslosigkeit hat Stefanie wieder einen Job. Sie erzählt, wie es die ersten Wochen im neuen Job war. Vervollständige die Sätze mit Wörtern aus dem Kästchen.

1 Ich ________ noch nie im Leben so viel Geld ___________.

2 Ich ________ noch nie bei einer Arbeit so glücklich ___________.

3 Aber ich war müde – vorher ________ ich nie ganztägig ____________.

4 Ich ________ vorher noch nie so nette Kollegen ___________.

5 Ich ________ innerhalb einiger Wochen noch nie so viel ___________.

hatte hatte war
hatte hatte
gelernt gehabt
verdient
gewesen
gearbeitet

2 Letzten Sommer hatte Konrad sich für den Job als Leiter eines Kinderferiencamps in Amerika beworben. Er bekam ihn aber nicht – warum nicht? Schreib Sätze mit den Hinweisen in Klammern.

1 Konrad *hatte keine Erfahrung mit Kindern gehabt.*
(keine Erfahrung mit Kindern/haben)

2 Er____
(nur zwei Jahre Englisch/lernen)

3 Er____
(noch nie nach Amerika/fahren)

4 Er____
(nicht viel Sport, Kunst oder Musik/machen)

5 Er____
(noch nie campen/gehen)

3 Juliette erklärt, warum sie unglücklich gewesen war, als sie keinen Job hatte. Übersetze die Sätze in deine Sprache.

1 Ich hatte nie Geld gehabt.

____

2 Ich war nie erfolgreich gewesen.

____

3 Ich hatte nie ein Haus oder ein Auto gekauft.

____

4 Ich hatte mein Selbstvertrauen verloren.

____

Du bist dran!

Du warst lange arbeitslos, hast nun aber endlich wieder einen Job. Schreib, wie es ohne Arbeit gewesen war und dass es nicht einfach war, als du wieder angefangen hast zu arbeiten. Verwende dabei Ausdrücke von den Übungen auf dieser Seite.

Name/
Gruppe:

8 Geschlecht und Artikel (S1–2)

1 **1** die Mutter, **2** der Onkel, **3** die Tante, **4** der Opa

2 **der:** der Hamster, der Wellensittich, der Polizist, der Bruder
die: die Katze, die Freundin
das: das Baby, das Meerschweinchen

3 **1** das/ein Haus, **2** der/ein Papagei, **3** der/ein Vetter, **4** die/eine Maus

4 **Der** Vater ist ein großer Mann. **Die** Mutter ist klein und hübsch. **Ein** Sohn (der ältere) ist cool, **der** andere nicht. **Die** Familie hat viele Haustiere. **Der** Hund und **die** Katze sind gute Freunde. Da sind auch **ein** Kaninchen und **ein** Papagei. Das ist **eine** nette Familie!

9 Singular und Plural (S1–2)

1 drei Fische, zwei Hunde, vier Wellensittiche, drei Schlangen, drei Schildkröten, drei Ratten, vier Meerschweinchen, zwei Kaninchen

2 ein Vogel, vier Vögel / eine Maus, drei Mäuse / ein Pferd, zwei Pferde

3 Ich stelle dir meine Familie vor. Ich habe zwei **Brüder**, zwei **Schwestern** und einen **Halbbruder**. Meine **Mutter** ist ganz lieb und ich habe meine zwei **Großmütter** gern. Wir haben auch eine **Menge** Haustiere: zwei **Hunde**, drei **Katzen**, einen **Wellensittich** und viele **Fische**.

11 Geschlecht, Artikel und Plural (S3)

1 Hier auf dem Foto ist unser Campingplatz in Bayern. Und das ist mein Vater. **Das** Mittagessen ist fertig und er wäscht ab. Für meinen Vater ist **ein** Zelt in den Bergen **die** beste Sache in der ganzen Welt! Er ist **ein** riesiger Fan von Camping. Sobald **der** Frühling kommt, will er los!

Und hier ist meine Mutter. Sie mag Camping nicht besonders. **Ein** Hotel gefällt ihr besser! **Das** Hotel hier im Bild war in Italien. Und **die** Frau im roten Kleid neben ihr ist **die** Kusine meines Vaters. Sie war zufällig auch dort. Ich mag sie nicht besonders – sie ist **eine** komplizierte Frau!

2 Hier ist **ein** anderes Foto. **Das** große Haus gehört den Großeltern meines Brieffreundes und hier ist fast **die** ganze Familie. **Der** kleine Mann mit der Brille ist **der** Großvater. Und **die** acht Kinder in einer Reihe sind **die** Enkelkinder. **Die** zwei Frauen rechts sind **die** beiden Töchter und **der** ältere Sohn der Familie sitzt neben ihnen. **Der** jüngere Sohn ist nicht auf dem Bild.

3 **1** Hunde, **2** Katzen, **3** Wellensittiche/Vögel, **4** Meerschweinchen, **5** Ratten, **6** Pferde, **7** Schildkröten **8** Schlangen

12 Nominativ und Akkusativ (S1–2)

1 ***männlich:*** Bruder, Opa, Wellensittich
weiblich: Mutter, Katze, Oma
sächlich: Pferd, Meerschweinchen
Plural: Haustiere, Fische, Schwestern, Katzen

2 Ich heiße Christine. Ich habe **einen** Bruder und **eine** Schwester. **Mein** Bruder hat **einen** Hund und zwei Wellensittiche. **Der** Hund ist braun und **die** Wellensittiche sind grün. **Meine** Schwester wohnt in Hamburg und hat **keine** Haustiere. Ich habe **ein** Kaninchen. **Mein** Kaninchen ist grau und heißt Bugs.

13 Dativ (S1–2)

1 meinem neuen Brieffreund / der Familie / dem Vater / der Mutter / den Geschwistern

2 Unterschiedliche Antworten. Du brauchst Dativformen
der Mutter / dem Vater / der Oma /
den Kindern / dem Baby / dem Hund

15 Fälle (S3)

1 **1** NOM, **2** DAT, **3** AKK, **4** DAT, **5** GEN, **6** AKK, **7** NOM, **8** AKK, **9** GEN

2 Das ist **ein** Foto **der** ganzen Familie. In der Mitte steht **der** Vater – siehst du, er hat **den** Bierkrug in der Hand, den ich mitgebracht hatte! Neben ihm sind **die** Großeltern – das sind **die** Eltern **der** Mutter **meines** Brieffreundes. Weißt du, **der** Alte fährt **einen** riesigen BMW! Und **die** Großmutter fährt noch schneller als er! Sie hat **keine** Angst! Sie sind superreich und haben **ein** riesiges Haus am Rande **eines** echt schönen Waldes.

Und wer ist noch auf dem Bild? Ach ja, mein Brieffreund hat **einen** Bruder – das ist **der** kleine Junge ganz vorn. **Der** andere Junge ist **der** Sohn der Nachbarn! Und **das** Mädchen mit den Zöpfen, das ist **die** Schwester meines Brieffreundes. **Mein** Brieffreund schreibt nicht oft, aber seine Mutter ist sehr nett und sie hat mir **das** Foto geschickt. Hast du **ein** Foto von **deiner** Gastfamilie?

16 Präpositionen 1 (S1–2)

1 mit / nach / ohne / für / bei / durch / in / beim / gegen

2 **1** der, **2** die, **3** dem, **4** vom, **5** dem, **6** der, **7** zum, **8** die

17 Präpositionen 2 (S1–2)

1 **a** Bewegung, Akk.: 2, 4, 5; Position, Dat.: 1, 3, 6
b **1** dem, **2** den, **3** dem, **4** die, **5** den, **6** dem

19 Präpositionen (S3)

1 **1** DAT, **2** AKK, **3** DAT, **4** AKK, **5** AKK, **6** DAT, **7** GEN, **8** AKK, **9** AKK

2 Ich würde sehr gern in **der** Großstadt wohnen. Warum? Wegen **der** vielen Freizeitmöglichkeiten! Während **der** Ferien fahre ich so oft wie möglich in **die** Großstadt, wo ich vielleicht **zur** Eislaufhalle oder **ins** Kino gehe. Ich übernachte gern bei **einem** Klassenkameraden und dann unternehmen wir viel. Gleich hinter **seinem** Haus liegt ein wunderschöner Park mit **vielen** Sportmöglichkeiten und man braucht nur durch **den** Park zu laufen, um direkt in **die** Stadtmitte zu kommen. Dort gibt's die ganzen Geschäfte – prima!

3 Für Touristen gibt's bei uns in der Gegend ziemlich viel zu tun. Die meisten machen während **des** Aufenthaltes einen Ausflug zu **den** vielen bildschönen Dörfern in der Nähe. Dann ist eine Reise an **die** Küste – nur 40 Kilometer entfernt – ein Muss sowie eine Führung zu **den** bekanntesten historischen Sehenswürdigkeiten. Ohne **eine** Besichtigung unseres Schlosses aus **dem** vierzehnten Jahrhundert sollte man nicht wegfahren und von **der** wunderschönen Landschaft hat natürlich jeder schon gehört.

20 Personalpronomen (S1–2)

1 1 du, **2** Sie, **3** ihr, **4** Sie

2 **1** Ich, **2** du, **3** Er, **4** Sie, **5** Es, **6** Wir, **7** Sie, **8** ihr

21 Personalpronomen (S3)

1 **1** Ich, **2** Er, **3** sie, **4** Wir, **5** ihr

2 *Lehrerin* Wie finden **Sie** das Schulsystem bei uns, Herr Fischer?
Herr Fischer Bei **Ihnen** ist alles sehr anders, muss **ich** sagen. Zum Beispiel haben **wir** alle bemerkt, dass die Schüler einen langen Tag haben. Ist das nicht zu viel für **sie**? Ich glaube, dass **sie** nachmittags lieber zu Hause wären, wie unsere Schüler!
Lehrerin Und **du**, Claudia, wie gefällt **dir** unser Schulsystem?
Claudia Ich mag die Lehrer. Da **sie** nach der Schule viele Klubs organisieren, versteht **man** sich sehr gut mit **ihnen**. **Sie** haben viel Zeit für **uns** gehabt.

3 **1** Ich, **2** mich, **3** mir, **4** du, **5** dir, **6** dich, **7** wir, **8** uns, **9** ihr, **10** euch / uns

22 Präsens (S1–2)

1 **1** Ich les**e**, **2** Schreib**st** du, **3** Sie find**et**, **4** Wir geh**en**, **5** Arbeit**en** Sie, **6** Sie mach**en**, **7** Spiel**t** ihr

2

essen	isst
geben	gibt
helfen	hilft
nehmen	nimmt
schlafen	schläft
tragen	trägt
sehen	sieht

3 lerne / lernst, mache / machst, lesen / Liest, finde / findest, esse / isst, Fährst

23 Reflexive Verben (S1–2)

1 **a** **1** F, **2** C, **3** H, **4** G, **5** A, **6** E, **7** B, **8** D

b Reflexive Verben: 2, 3, 5, 6

2 **mich:** Ich wasche mich. Ich ziehe mich an.
mir: Ich putze mir die Zähne. Ich bürste mir die Haare.

3 Ich stehe um 6.30 Uhr auf und ich **wasche mich** im Badezimmer. Ich **ziehe mich** an – ich mag lässige Klamotten. Ich gehe nach unten in die Küche und ich esse Frühstück um 7.15 Uhr. Ich **putze mir** schnell die Zähne, **bürste mir** die Haare und verlasse das Haus um 8.00 Uhr. Ich fahre mit dem Bus zur Schule.

24 Reflexive Verben (S3)

1 sich die Haare bürsten: DAT
sich die Zähne putzen: DAT
sich anziehen: AKK
sich waschen: AKK
sich freuen: AKK
sich die Haare waschen: DAT

Ich wache in einer Schulwoche um 6.30 Uhr auf. Ich wasche **mich** zuerst und **wasche** mir manchmal die Haare. Dann ziehe ich **mich** an. Ich muss natürlich meine Schulklamotten anziehen. Ich esse schnell mein Frühstück – vielleicht ein Glas Milch und eine Scheibe Toast. Ich putze **mir** die Zähne, **bürste** mir schnell die Haare und verlasse das Haus um 8.00 Uhr. Ich fahre mit dem Bus zur Schule.

2
1 sich sonnen ________________
2 sich interessieren für ________________
3 sich langweilen ________________
4 sich freuen auf ________________
5 sich setzen ________________
6 sich fühlen ________________
7 sich schreiben ________________
8 sich treffen ________________

3
1 Ich **freue mich** auf deinen Brief.
2 Wir **schreiben uns** jeden Tag!
3 Wie **fühlt** sie **sich**?
4 **Langweilst** du **dich**?
5 Ich **interessiere mich** für Musik.
6 Wo **treffen** wir **uns**?

25 Fragen (S1–2)

1 **a** Du spielst gern Hockey, nicht wahr?
Du gehst oft ins Kino, nicht wahr?

b Triffst du Max um sieben Uhr?
Sammelst du Briefmarken?

2 **1** Wo, **2** Wer, **3** Wo, **4** Wo, **5** Wer

3

1 Wie viele / E	**4** Wie / D
2 Warum / A	**5** Was / F
3 Wo / B	**6** Wann / C

26 Fragen (S3)

1 **1** Wo, **2** Wann, **3** Wie, **4** Wer, **5** Was für, **6** Wie viel, **7** Warum

2 **1** Wohin, **2** Welches, **3** Wen, **4** wem, **5** Welche, **6** Wer, **7** Woher, **8** Wo / wie

3 Mögliche Fragen:
1 Wo und wann trainierst du?
2 Wie weit schwimmst du, wenn du trainierst?
3 Warum magst du schwimmen gern?
4 Wie viele Medaillen hast du gewonnen?

27 Modalverben 1 (S1–2)

1 **a** Ich muss / ich will / Das Hotel ‚Zum Löwen' soll / muss man / will ich / Ich muss

b Second verbs: reservieren / haben / haben / zahlen / fahren / haben

2 1 Ich will ein Zimmer in einem Luxushotel reservieren.
2 Ich will in einem guten Restaurant essen.
3 Und das Hotel muss eine Sauna haben.
4 Ich muss 150 Euro zahlen.

28 Modalverben 2 (S1–2)

1 **1** Kann, **2** Dürfen, **3** Darf, **4** Kann, **5** Kann, **6** Darf

2 1 Darf man im Hotel rauchen?
2 Darf man im Zimmer Pommes essen?
3 Kann man um sieben Uhr frühstücken?
4 Muss ich die Rechnung jetzt zahlen?
5 Kann ich hier ein Auto mieten?

30 Modalverben (S3)

1 1 Wie lange wollen Sie bleiben?
2 Wollen Sie ein Einzelzimmer oder ein Doppelzimmer reservieren?
3 Können Sie bitte hier unterschreiben?
4 Können Sie mir bitte Ihren Pass zeigen?
5 Ja, Sie können im Hotel ein Auto mieten.
6 Sie müssen eine Kaution von 50 Euro zahlen.
7 Sie können ab 6.30 Uhr frühstücken.
8 Sie dürfen im Winter leider nicht im Freibad schwimmen.

2 **1** magst, **2** kann, **3** muss, **4** dürfen, **5** kann, **6** müssen, **7** kann, **8** darf, **9** will, **10** soll

3 1 Man kann schwimmen und Tennis spielen.
2 Man kann aber nicht Golf spielen.
3 Hotelgäste dürfen nicht vor 10 Uhr schwimmen.
4 Wir können bis 23 Uhr im Restaurant essen.
5 Ich darf aber nicht in meinem Zimmer frühstücken.
6 Meine Eltern müssen nichts anzahlen.
7 Wir müssen aber für Tennis bezahlen.

31 *sein* und *haben* (S1–2)

1 Wo bin ich? / Du bist hier! / Er ist wo? / Wo sind wir? / Sind Sie hier der Boss?/ Sie sind fremd hier! / Ihr seid dumm!

2 **1** habe / Hast, **2** haben, **3** haben / hat, **4** Habt

3 **1** bin, **2** bin, **3** habe, **4** Bist, **5** Hast

32 Trennbare Verben (S3)

1 1 ____________________
2 ____________________
3 ____________________
4 ____________________
5 ____________________

2 **1** fährt **mit**, **2** fährt … **ab**, **3** kommt … **an**, **4** rufe … **an**, **5** holt … **ab**

3 Hallo! Mein Zug fährt um 15.00 Uhr ab. / Und wann kommt er an? / Um 17.20 Uhr. Kannst du mich abholen? / Klar! Der Zug kommt also um 17.20 Uhr an? / Ja, ich rufe dich vom Bahnhof an. / Bis morgen. / Tschüss!

33 Trennbare Verben (S3)

1 **1** fährt … **ab**, **2** kommt … **an**, **3** fahren … **mit**, **4** Rufen … **an**, **5** hole … **ab**

2 1 Wo findet das Match heute statt?
2 Und wann fängt das Match an?
3 Ich rufe den Fußbalklub an.
4 Fährst du auch mit?
5 Nein, ich sehe lieber fern!
6 Und ich kaufe lieber ein!

3 **1** abholen, **2** abfahren, **3** anrufen, **4** mitfahren, **5** mitzufahren, **6** fernsehen, **7** einkaufen

36 Präsens (S3)

1 **1** finden, **2** schwimme, **3** versuche, **4** wird, **5** spielen, **6** gibt, **7** verbringen, **8** gewinnt, **9** ist, **10** verliert, **11** kocht, **12** sagt, **13** nimmt, **14** isst, **15** fahren

2 1 Der Bus zum Strand **fährt ab.**
2 Ein Tischtenniswettbewerb **fängt** jetzt **an**.
3 Karl **ruft** seine Freundin zu Hause **an**.
4 Ein junges Paar **kauft** im Supermarkt **ein**.
5 Herr Winkel **holt** seine Tochter am Ende ihres Urlaubs **ab**.

3 1 Wo **wäschst** du **dich**? / Ich **wasche mich** in den Sanitäranlagen.
2 **Putzt** du dir dort auch die Zähne? / Nein, ich **putze mir** die Zähne im Zelt.
3 **Ziehst** du **dich** im Zelt **an**? / Nein, ich **ziehe mich** lieber in den Duschräumen **an**.
4 Siehst du jeden Tag die ganze Clique? / Ja, wir **treffen uns** jeden Tag.
5 Was macht ihr den ganzen Tag? **Langweilt** ihr **euch** nicht? / Überhaupt nicht! Wir faulenzen und **sonnen uns** am Strand.

37 Perfekt 1 (S1–2)

1 Stefan hat die Mauer **gebaut**. / Klaus hat nichts **gemacht**. / Die Hunde haben nur **gespielt**.

2 1 Ich habe am Strand Volleyball gespielt.
2 Ella hat einen neuen Bikini gekauft.
3 Die kleinen Kinder haben Sandburgen gebaut.
4 Meine Eltern haben gar nichts gemacht/am See Enten gefüttert.
5 Wir haben am See Enten gefüttert/gar nichts gemacht.

3 1 Wir haben im Restaurant gegessen.
2 Ich habe Wein getrunken.
3 Wir haben im Kino einen tollen Film gesehen.
4 Ich habe viele Bücher gelesen.
5 Ich habe ein paar Postkarten geschrieben.

38 Perfekt 2 (S1–2)

1 1 Ich bin in Urlaub gefahren.
2 Wir sind nach Amerika geflogen.
3 Wir sind jeden Tag im Wald gewandert.
4 Ich bin mit dem Hund spazieren gegangen.
5 Ich bin mit meinen Freunden geschwommen.

2 Rot (**haben**): essen, trinken, machen, sehen, kaufen, spielen
Blau (**sein**): gehen, fahren, schwimmen

3 **1** bist, **2** gesehen, **3** geflogen, **4** gefahren, **5** hast, **6** Hast, **7** gekocht, **8** hast

40 Perfekt 1 (S3)

1 **1** habe, **2** sind, **3** gefahren, **4** angekommen, **5** sind, **6** gemacht, **7** gesonnt, **8** haben, **9** geschrieben, **10** geschlafen, **11** sind, **12** gegessen

2 ***ich*** Ich bin nach Rom **gefahren**. / Ich **habe** nicht **gekocht**, ich **habe** jeden Tag im Restaurant **gegessen**.

wir Wir **haben** nicht viel **gemacht**. / Wir **haben** einige Bücher **gelesen**. / Abends **haben** wir Karten **gespielt**.

du Wie viel Zeit hast du in Irland **verbracht**? / **Bist** du viel spazieren **gegangen**? / **Hast** du irischen Tee **getrunken**?

ihr **Habt** ihr **eingekauft**? / **Habt** ihr Spanisch **gesprochen**? / **Habt** ihr die Leute **verstanden**?

er/sie Er hat Sandburgen **gebaut**. / Sie **hat** vieles **gesehen**. / Mein Vater **ist** im Wald **gewandert**. / Meine Schwester **hat** lieber Tennis **gespielt**.

sie Lars und Peter **sind** im See **geschwommen**. / Onkel Heinrich und Tante Monika **sind** auch **mitgefahren**. / Sie **haben** ein Boot **gemietet**.

41 Perfekt 2 (S3)

1 **2** reg/haben, **3** unreg/sein, **4** reg/haben, **5** reg/haben, **6** reg/haben, **7** unreg/sein/trennbar, **8** reg/haben

2 1 ______________________
____
2 ______________________
____
3 ______________________
____
4 ______________________
____
5 ______________________
____

3 1 ______________________
____
2 ______________________
____
3 ______________________
____
4 ______________________
____
5 ______________________
____

42 Possessivpronomen (S3)

1 Wo ist **mein** Regenschirm? / Wo ist **mein** Pass? / Wo ist **meine** Brille? / Wo sind **meine** Schlüssel?

2 **1** C, **2** B, **3** A

3 1 Haben Sie meine Jacke gefunden?
2 Ich habe mein Portemonnaie verloren!
3 Ich suche meinen Pass.
4 Haben Sie meine Schlüssel gefunden?

4 **1** deine, **2** seinen, **3** ihre

43 Possessivpronomen (S3)

1 **1** meine Jacke, **2** sein Mantel, **3** ihre Schlüssel, **4** ihre Handtasche, **5** unsere Pässe, **6** dein Regenschirm, **7** Ihre Fahrkarten, **8** ihre Brille, **9** ihre Handschuhe

2 **1** seinen, **2** unsere, **3** deine, **4** eure, **5** meiner, **6** meinen

3 **1** unserer, **2** Mein, **3** meine, **4** unseren, **5** meine, **6** ihre, **7** ihren, **8** ihr, **9** Unsere, **10** ihren

44 Futur (S1–2)

1 ______________________
____
____

2 1 Ich werde Fußball spielen.
2 Ich werde ins Kino gehen.
3 Ich werde Pizza essen.
4 Ich werde CDs hören.

3 2 Ich werde viele Superstars treffen.
3 Ich werde nach New York fahren.
4 Was wirst du machen?

46 Futur (S3)

1 2 Marcus wird eine Bootsfahrt machen.
3 Heike und Klaus werden kegeln.
4 Christina und ich werden zu einem Konzert gehen.
5 Ich werde ein altes Schloss besichtigen.
6 Man wird einen Tag im Freizeitpark verbringen.
7 Du wirst im See baden.
8 Ihr werdet im Wald picknicken.

2 2 Sie wird die Karten bezahlen.
3 Wir werden dann zu dritt hingehen.
4 Wir werden ein Picknick mitnehmen.
5 Sie wird uns zum Schlossgarten fahren.
6 Wir werden dann mit einem Taxi nach Hause fahren.
7 Das Konzert wird gegen Mitternacht enden.
8 Es wird Musik und ein Feuerwerk geben.

47 Konditional (S3)

1 1 Wo würdest du hingehen?
2 Würdest du mich mitnehmen?
3 Was würden wir essen?
4 Was würden wir trinken?
5 Was würden wir danach machen?
6 Was würdest du tragen?
7 Wie würden wir nach Hause fahren?

2 Mögliche Antworten:
1 Ich würde zuerst in ein teures Restaurant gehen.
2 Ja, sicher würde ich dich mitnehmen.
3 Wir würden Kaviar, Lachs und Erdbeertorte essen.
4 Wir würden Sekt trinken.
5 Wir würden bis drei Uhr morgens in einem Nachtklub tanzen.
6 Ich würde ein goldenes Kleid/einen silbernen Anzug tragen.
7 Wir würden mit einer Limousine nach Hause fahren.

48 Adjektive 1 (S1–2)

1 Unterstreiche: **1** blau, **2** weiß, **3** silbern, **4** rot, **5** grün

2 **1** schwarz**e**, **2** rot**e**, **3** schwarz**en**, **4** rot**en**, **5** grün**e**, **6** blau**e**, **7** schick**e**, **8** gelb**e**, **9** braun**en**, **10** schwarz**en**

3 **1** roten, **2** weiße, **3** toll, **4** großen, **5** goldene, **6** gelben

49 Adjektive 2 (S1–2)

1 **1** süß**en**, **2** gut**en**, **3** neu**en**, **4** schön**e**, **5** silbern**e**, **6** klein**e**, **7** interessant**es**, **8** hübsch**es**, **9** schön**es**, **10** warm**e**, **11** neu**e**, **12** schön**e**

2 Mögliche Antworten:
2 Für meinen Vater kaufe ich eine große Flasche Wein.
3 Für Oma kaufe ich eine kleine Lampe.
4 Für meine Freunde kaufe ich coole CDs.

51 Adjektives (S3)

1 **der/die/das:** dem süßen Teddy (m/Dat.) / den großen Elefanten (m/Akk.) / die zwei kleinen Affen (pl/Akk.)
ein/eine/ein: ein riesiger Teddy (m/Nom.) / ein lustiges Spielzeug (n/Akk.) / eine schöne Kette (f/Akk.)
kein Artikel: verschiedene Sachen (pl/Akk.) / kleinerer Bären (pl/Gen.) / bunte Stofftiere (pl/Nom.)
sein: ist gut / sind nicht zu hoch / sind sehr hilfsbereit

2 Die **großen** Pizzas sind schon im Kühlschrank und das **leckere** Hähnchen auch. Wir können zum Nachtisch das **gemischte** Eis servieren und auch die **süßen** Erdbeeren. Ich habe auch **verschiedene** Gemüse gekauft und werde damit einen **riesigen** Salat zubereiten. Ich werde ein **neues** Rezept ausprobieren! Wir brauchen natürlich einen **großen** Kuchen, ein paar Flaschen Wein und viele **alkoholfreie** Getränke. Das ist eine **lange** Liste!

3 **1** schick**e** schwarz**e**, **2** blau**en**, **3** silbern**e**, **4** schwarz**en**, **5** neu**es** lang**es**, **6** braun**e**, **7** hässlich**e**, **8** lang**e**, **9** gelb**e**, **10** Golden**e**

52 Unpersönliche Verben & Dativobjekt (S3)

1 **1** E, **2** A, **3** B, **4** C, **5** G, **6** D, **7** F

2 **1** gefällt, **2** gefallen, **3** schmecken, **4** gehört, **5** Gehören

3 **1** dir, **2** ihr, **3** ihm, **4** dir, **5** euch, **6** mir, **7** uns

4 Gefällt dir die blaue Hose? / Schmeckt dir der Kaffee im Café? / Die schwarze Hose passt dir nicht. / Die Jacke gefällt mir nicht.

53 Imperativ (S1–2)

1 Mögliche Antworten (4 beliebige):
Trink mehr Mineralwasser. / Trink weniger Bier. / Iss weniger Fastfood. / Iss mehr Obst. / Trink weniger Cola. / Iss weniger Schokolade. / Trink mehr Orangensaft.

2 **2** Lauf, **3** Geh, **4** Rauch, **5** Schlaf

3 Lies – ________ / Sprich – ________ / Sei – ________ / Hab – ________
1 Nimm, **2** Sprich, **3** Lies, **4** Hab, **5** Sei

4 1 Trinken Sie weniger Kaffee.
2 Arbeiten Sie nicht so viel.
3 Gehen Sie zu Fuß zur Schule.
4 Essen Sie mittags kein Fastfood.

54 Imperativ (S3)

1 1 Iss, **2** Trink, **3** Fahr / geh, **4** Lauf, **5** Treib, **6** Sei

2 1 Essen Sie, **2** Schlafen Sie, **3** Entspannen Sie sich, **4** Besprechen Sie

3
2 Esst doch Obst und Gemüse.
3 Geht doch an die frische Luft.
4 Trinkt doch weniger/nicht so viel Cola.

55 Komparativ (S1–2)

1 2 gesünder, **3** leckerer, **4** schneller, **5** nicht so gesund, **6** besser, **7** besser

2
1 gesund: Anna / gesünder: Steffi / am gesündesten: Klaus
2 fit: Kirsten / fitter: Lara / am fittesten: Wilhelm
3 schnell: Lutz / schneller: Karin / am schnellsten: Reinhardt

56 Komparativ und Superlativ (S3)

1 1 gesünder, **2** schlanker, **3** nicht so fett wie, **4** nicht so teuer, **5** süßer als, **6** hübscher, **7** stärker, **8** besser

2
1 Lottie läuft am schnellsten.
2 Sara ist die beste Schwimmerin. / Sara schwimmt am besten.
3 Karin sieht am besten aus.

57 Wortstellung (S1–2)

1 1 arbeite, **2** jobbe, **3** wasche … ab, **4** helfe, **5** trage … aus, **6** arbeite

2
1 Jeden Freitag arbeite ich an einer Tankstelle.
2 Manchmal helfe ich meinen Eltern.
3 Jeden Morgen trage ich Zeitungen aus.
4 Zweimal in der Woche arbeite ich in einem Supermarkt.

3 Mögliche Antworten (2 beliebige):
Ich arbeite am Wochenende fleißig an einer Tankstelle. / Ich arbeite von 8 bis 12 Uhr als Verkäufer in einem Supermarkt. / Ich arbeite jeden Samstag freiwillig zu Hause. / Ich arbeite am Wochenende mit einem Freund im Dorf.

59 Wortstellung (S3)

1
1 Für die Nachbarn jobbe ich jeden Abend als Babysitter.
2 Jeden Freitagabend arbeite ich an einer Tankstelle.
3 Sehr früh jeden Morgen trägt Stefan Zeitungen aus.
4 Zu Hause mache ich kleine Jobs für meine Eltern.

2
1 Ich arbeite jeden Samstag als Verkäuferin in einer Buchhandlung.
2 Ich wasche dreimal in der Woche für 6 Euro die Stunde in einem Café ab.
3 Ich habe während der Sommerferien an der Kasse in einem Supermarkt gearbeitet.

3
2 Ich muss auf die Kinder des Nachbarn aufpassen.
3 Ich habe letztes Wochenende etwa 45 Euro verdient.
4 In den Sommerferien werde ich viel Geld verdienen.

4 Mögliche Antworten:
1 Letzten Sommer habe ich als Verkäufer in einem Laden gearbeitet.
2 Leider habe ich zuerst nur 6 Euro pro Stunde verdient.
3 Ich möchte samstags in der Stadt arbeiten.
4 Nächste Woche muss ich mir dringend einen Teilzeitjob suchen.

60 Relativsätze (S1–2)

1 Karl / der / …

2 2 der, **3** das, **4** die

3 1 Samuel **2** Samuel, der **3** Samuel, der nett ist **4** Samuel, der nett ist, ist fünfzehn.

4 Mögliche Antworten:
1 Ralf, der fit ist, ist sportlich.
2 Ella, die eine gute Freundin ist, ist intelligent.
3 Olaf und Peter, die Zwillinge sind, sind fünfzehn.

62 Relativsätze (S3)

1
2 … der nicht viel Zeit für mich hat.
3 … die uns sehr oft besucht.
4 … der leider in einem Altenheim wohnt.

2 1 der, **2** den, **3** der, **4** dem, **5** deren, **6** deren

3
2 Gabi, die ich nicht mag, sitzt in der Schule neben mir.
3 Dieter, mit dem ich gern ins Café gehe, ist lustig.
4 Georg, den ich nicht besonders mag, ist oft schlechter Laune.
5 Sonia, deren Mutter Fotomodell war, ist immer sehr schick.

63 Konjunktionen (S1–2)

1 1 und, **2** aber, **3** oder, **4** und, **5** oder

2
2 sind / … weil sie aus Plastik sind.
3 gibt / … weil es so viele Autos gibt.
4 liegen / … weil überall Kartons und Papiere liegen.

3
1 … wenn das Wetter gut ist.
2 … wenn ich ein Zimmer verlasse.
3 … wenn ich einkaufen gehe.
4 … wenn ich die Zeit habe.

65 Konjunktionen (S3)

1 1 sondern, **2** denn, **3** oder, **4** aber

2
1 … wenn ich ein Zimmer verlasse.
2 … wenn ich dusche.

3 … weil das viel heißes Wasser verbraucht.
4 … weil es umweltfreundlicher ist.

3 1 … weil ich Benzin sparen wollte.
2 … damit es weniger Luftverschmutzung gibt.
3 … ob es eines Tages weniger Autos geben wird.
4 … weil ich mit meinem Nachbarn zur Arbeit mitfahre.

4 1 Damit wir weniger Verpackungen verbrauchen, müssen wir Einkaufstüten mitnehmen.
2 Ob man dort umweltfreundliche Produkte kaufen kann, weiß ich nicht.
3 Obwohl einheimisches Obst und Gemüse manchmal teurer ist, kaufe ich es immer.
4 Wenn ich Geschenke suche, gehe ich immer in den Dritte-Welt-Laden.

66 Infinitivkonstruktionen (S1–2)

1 2 Ich hoffe ein ganzes Jahr hier zu bleiben.
3 Ich beginne jetzt sehr gut Deutsch zu sprechen.
4 Ich habe vor, anschließend auf die Uni zu gehen.

2 1 … um als Au-pair zu arbeiten.
2 … um ein bisschen Freizeit zu haben.
3 … um ein Jahr im Ausland zu verbringen.

67 Infinitivkonstruktionen (S3)

1 1 … um an der Uni zu studieren.
2 … um eine gute Stelle zu bekommen.
3 … um viel Geld zu verdienen.
4 … um ein Haus und ein Auto zu kaufen.
5 … ohne zu arbeiten.

2 1 Ich beginne jetzt an meine Berufspläne zu denken.
2 Ich hoffe Medizin zu studieren.

3 1 Ich habe vor, Naturwissenschaften zu studieren.
2 Ich hoffe im Ausland zu arbeiten.
3 Ich habe beschlossen, vor dem Studium ein Jahr zu arbeiten.

68 Imperfekt (S1–2)

1 **2** hatten, **3** war, **4** hatte

2 **2** war, **3** hatten, **4** hatte, **5** war

3 **1** D, **2** C, **3** B, **4** A

4 Meine Brieffreundin **musste** auch am Samstag zur Schule. Aber sie **durfte** jeden Tag um 13 Uhr nach Hause gehen. Sie **konnte** manchmal in der Schule bleiben um Sport zu treiben. Aber meistens **war** sie müde und **wollte** nur nach Hause gehen.

70 Imperfekt (S3)

1 **1** begann, **2** endete, **3** aßen, **4** gingen, **5** hatten / konnten / wollten, **6** machte / war

2 **1** war, **2** schienen, **3** trugen, **4** durfte, **5** bekamen / mussten, **6** gefiel

3 2 … konnte man in der Pause viele verschiedene Sachen zu essen kaufen.
3 … aßen viele Schüler zu Mittag zu Hause.
4 … machte jede Klasse jedes Jahr eine Klassenfahrt.
5 … gaben die Lehrer nur wenige Strafarbeiten.
6 … sah man ganz selten Gewalt auf dem Schulhof.

71 seit (S1–2)

1 Male farbig an: er raucht, er trinkt, er isst gesund

2 1 trinkt ______
2 raucht ______
3 isst ______

3 **1** seit einem Jahr, **2** seit einem Monat

72 seit (S3)

1 1 trinkt ______
2 arbeitet ______
3 hat ______
4 hat ______
5 ist ______

2 2 Ich laufe seit einem Monat jeden Morgen fünf Kilometer.
______
______
3 Ich gehe seit neun Monaten zu einer Selbsthilfegruppe.
______
______
4 Mein Vater raucht seit einem Jahr nicht mehr.
______
______

3 1 ______
2 ______
3 ______
4 ______
5 ______

73 Plusquamperfekt (S3)

1 **1** hatte … verdient, **2** war … gewesen, **3** hatte … gearbeitet, **4** hatte … gehabt, **5** hatte … gelernt

2 2 Er hatte nur zwei Jahre Englisch gelernt.
3 Er war noch nie nach Amerika gefahren.
4 Er hatte nicht viel Sport, Kunst oder Musik gemacht.
5 Er war noch nie campen gegangen.

3 1 Ich hatte (noch) nie Geld gehabt.
2 Ich war (noch) nie erfolgreich gewesen.
3 Ich hatte (noch) nie ein Haus oder einen Wagen gekauft.
4 Ich hatte mein Selbstvertrauen verloren.